ニュージーランド乳幼児教育カリキュラム

テ・ファーリキ
（完全翻訳・解説）

子どもが輝く保育・教育のひみつを探る

大橋 節子・中原 朋生
内田 伸子・上田 敏丈 ［監訳・編著］

神代 典子 ［訳］

建帛社
KENPAKUSHA

Te Whāriki

He whāriki mātauranga

mō ngā mokopuna o Aotearoa

Early childhood curriculum

the Ministry of Education, New Zealand

Te Tāhuhu o te Mātauranga

Published by

KENPAKUSHA Co., Ltd.

2-15, Sengoku 4-chome, Bunkyo-ku Tokyo, Japan 112-0011

4つの原理（プリンシパル）と5つの要素（ストランド）

ここに描かれているコーフィティ・ファカパエ・ファーリキ（あや織の織物）は，旅人を水平線のかなたまで導く旅の出発を象徴している。濃い灰色は可能性の領域と啓発の始まりであるテ・コレ（潜在的な命の領域）とテ・ポー（闇の領域）を示し，緑は新しい命と成長を表している。紫，赤，青，青緑はさまざまな文化的含意があり，カリキュラムの基盤となる原理（プリンシパル）の重要性を強調するために使われている。

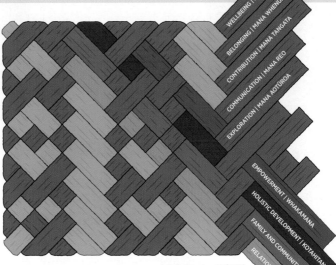

WELLBEING | MANA ATUA
BELONGING | MANA WHENUA
CONTRIBUTION | MANA TANGATA
COMMUNICATION | MANA REO
EXPLORATION | MANA AOTŪROA

EMPOWERMENT | WHAKAMANA
HOLISTIC DEVELOPMENT | KOTAHITANGA
FAMILY AND COMMUNITY | WHĀNAU TANGATA
RELATIONSHIPS | NGĀ HONONGA

（本文21ページ参照）

原理1　エンパワメント〈ファナカマナ〉

乳幼児カリキュラムは，学び，成長するためのエンパワメントを子ども自身にもたらす。

Mā te whāriki e whakatō te kaha ki roto i te mokopuna, ki te ako, kia pakari ai tana tipu.

原理2　ホリスティックな発達〈コタヒタンガ〉

乳幼児カリキュラムは，子どもたちがホリスティックに学び，成長する流れを反映している。

Mā te whāriki e whakaata te kotahitanga o ngā whakahaere katoa mō te ako a te mokopuna, mō te tipu a te mokopuna.

原理3　家族とコミュニティー〈ファーナウ・タンガタ〉

家族とコミュニティーで構成される広い世界は，乳幼児カリキュラムの不可欠な要素である。

Me whiri mai te whānau, te hapū, te iwi, me tauiwi, me ō rātou wāhi nohonga, ki roto i te whāriki, hei āwhina, hei tautoko i te akoranga, i te whakatipuranga o te mokopuna.

原理4 関係性〈ンガー・ホノンガ〉

子どもは，人，場所，モノとの応答的な互恵関係を通じて学ぶ。

Mā roto i ngā piringa, i ngā whakahaere i waenganui o te mokopuna me te katoa, e whakatō
te kaha ki roto i te mokopuna ki te ako.

要素1 ウェルビーイング〈マナ・アトゥア〉

子どもの健康とウェルビーイングを守り，育てる。

Ko tēnei te whakatipuranga o te tamaiti i roto i tōna oranga nui, i runga hoki i tōna mana motuhake, mana atuatanga.

要素2 　帰属感〈マナ・フェヌア〉

子どもと家族は帰属感を感じている。
Ko te whakatipuranga tēnei o te mana ki te whenua, te mana tūrangawaewae, me te mana toi whenua o te tangata.

学びの機会は公平であり，一人ひとりの子どもの貢献が大切にされる。
Ko te whakatipuranga tēnei o te kiritau tangata i roto i te mokopuna kia tū māia ai ia ki te manaaki, ki te tuku whakaaro ki te ao.

要素4	コミュニケーション〈マナ・レオ〉

子どもたち自身の文化およびその他の文化のことばや象徴的表現は推進され，守られる。
Ko te whakatipuranga tēnei o te reo. Mā roto i tēnei ka tipu te mana tangata me te oranga nui.

要素5 探究〈マナ・アオトゥーロア〉

子どもは環境を積極的に探究することで学ぶ。
Ko te whakatipuranga tēnei o te mana rangahau, me ngā mātauranga katoa e pā ana ki te aotūroa me te taiao.

撮影者：レイチェル・スミス（Rachael Smith）

※本口絵に使用した写真の無断での転用を禁止
　いたします。

は し が き

　本書はニュージーランド教育省から正式な許諾を得て，同国の乳幼児教育カリキュラム「テ・ファーリキ」（2017年・英語版）を完全翻訳し，解説を付したものである。

　「テ・ファーリキ」は1996年に初版が発表され，4つの原理と5つの要素を織り込むカリキュラム・フレームワークを，マオリ語で敷物を意味するファーリキと表現し，その斬新さによって世界から注目を浴びた。この背景には，ニュージーランドの先住民であるマオリとヨーロッパ系移民が培ってきた二文化主義があった。「テ・ファーリキ」は，約20年の時を経て2017年に改訂版が発表された。改訂版は，4つの原理，5つの要素，二文化主義など初版の基本原則を変更することなく，内容を簡素にして現代的にリフレッシュされた。

　本書は序章，全訳編，解説編の3パートから構成されている。序章では翻訳に至った背景を綴っている。全訳編では「テ・ファーリキ」（2017年・英語版）の完全翻訳を掲載している。解説編では「カリキュラム・フレームワーク」「ラーニング・ストーリー」「ニュージーランドの保育者」という3つの視点から，現地調査を踏まえ「テ・ファーリキ」のひみつを探究している。

　本書が生まれた背景には，2つの契機があった。1つの契機は，2018年5月に私たちが行った「テ・ファーリキ」改訂に関するニュージーランド保育関係者へのインタビュー調査である。調査した保育関係者は，すべて「テ・ファーリキ」とそれに基づく乳幼児教育の実践に誇りを有していた。さらに調査では，「テ・ファーリキ」を「私たちの宝」と表現する保育者にも数多く出会った。そこで「テ・ファーリキ」のひみつを探るには，まず一次資料としてその全訳が必要と考えた。

　もう1つの契機は，2020年に本格化したコロナ禍であった。私たちが計画していたニュージーランド保育関係者を日本に招聘するシンポジウムや現地調査も中止を余儀なくされた。その中で光を感じたのが，ニュージーランドのジャシンダ・アーダーン首相（1980-）が子育てに奮闘しつつ行ったコロナ対策に関するメッセージであった。彼女は，国民のウェルビーイング（Wellbeing）を最優先することを宣言し，優しさと思いやりを政治の中心に据えると語った。

　まさにこのウェルビーイングは，「テ・ファーリキ」においても第1の要素として重視されている保育内容であった。私たちは，乳幼児教育と理想の社会づくりの連続性を強く感じ，「テ・ファーリキ」の全容が知りたくなったのである。

　幸い監訳・編著者代表らが所属するIPU・環太平洋大学は，ニュージーランドのパーマストン・ノース市にIPU NZキャンパスを有し，環太平洋圏の繋がりを重視する教育研究を展開していた。IPU NZスタッフにニュージーランド教育省との交渉をお願いし，2020年8月に私たち全員が参加し，同省就学前教育部とのWEB会議を行うことができた。私たちは，熱意を持って日本語版の翻訳出版の必要性を説明し，許諾を得ることができた。このときの喜びは今も忘

れられない。

　本書が生まれるにあたって，本当に多くの方々からご支援をいただいた。ニュージーランド教育省の就学前教育マネジャーのアブリル・ケラー氏には，許諾の申請からWEB会議の議長まで，まさにニュージーランドと日本の乳幼児教育の架け橋としてお世話になった。さらに現地ウェリントンのPolyhigh community childcare centerのブルクハルト真由美氏には，ニュージーランド保育者の視点から貴重なご助言をいただいた。IPU NZスタッフには現地保育施設調査からニュージーランド教育省との交渉まで全面的にご支援をいただいた。建帛社の黒田聖一氏には，本書に価値を見出していただき企画から編集，刊行に至るまで本当にお世話になった。

　本書に関係する皆様へのお礼を述べるとともに，2020年8月の本書許諾に関するWEB会議の締めくくりに，ニュージーランド教育省のアブリル・ケラー氏が述べられた言葉を共有し，これからも皆様とともに乳幼児教育のさらなる発展に挑戦したい。

「混乱から理解が生まれ，理解から統一が生まれる。我々はともに織り込まれ一つになる」

2021年8月

監訳・編著者，訳者一同

大橋節子・中原朋生・内田伸子・上田敏丈・神代典子

＊本書では便宜上，原書にない章・節番号を入れ整理した。
＊本書ではマオリ語をカタカナ表記し，監訳者・訳者による日本語訳をカッコ内に記載した。
＊本書では，全訳編中において補足的な説明が必要な内容・用語については，原書にはない監訳者注，監訳者追記を適宜，掲載した。

［刊行に寄せて］

この度，貴大学がニュージーランドの乳幼児教育カリキュラムである「テ・ファーリキ」を日本語に全訳し出版の運びとなりましたことを，心よりお慶び申し上げます。この「テ・ファーリキ」が日本の乳幼児教育促進の一助になることを願っております。

駐ニュージーランド大使　伊 藤 康 一

すべての乳幼児教育と保育サービスを対象とする包括的な乳幼児カリキュラムであるテ・ファーリキの存在は，ニュージーランドにとって幸運なことです。テ・ファーリキが示してくれる道しるべによって，子どもたちは学校に行くことや生涯通じて学び続けることに対する準備をよりよく整えることができています。

テ・ファーリキ・カリキュラムの初版は1996年に出版されました。2017年にはテ・ファーリキの英語版がアップデートされたのに加え，同じ原理（プリンシパル）と要素（ストランド）の枠組みで，ンガー・コーハンガ・レオ（マオリ語を指導言語とする乳幼児教育センター）向けのカリキュラムが作成されました。その結果，現在ではテ・ファーリキとテ・ファーリキ・ア・テ・コーハンガ・レオが共存しています。

テ・ファーリキは，ニュージーランドの教育制度において大きな誇りの源で，私たちはテ・ファーリキを国宝とみなしています。テ・ファーリキは子どもたちにとってベストな成果を達成するために，欧米とマオリの価値観を融合することによってニュージーランドの二文化の基盤を反映しているからです。

実務レベルにおいて，テ・ファーリキは保育者に愛されています。カリキュラムに支えられた保育者は，子ども一人ひとりが学びにおける能力と自信を育めるよう，子どもたちを確実に援助することに集中します。カリキュラムは保育者による計画や評価も支え，学びがさらなる学びを促すことを担保します。

テ・ファーリキの中核にあるのは，「学びとは子ども一人ひとりの進歩や関心に立脚するものでなくてはならない」という信念です。保育者は子どもの学びや発達における家族や文化の影響も考慮する必要があります。それにより，子どもたちとその家族にとって学びがより有意味で，意欲に富んだものとなります。

テ・ファーリキは高度な文書であり，完全に理解し，適切に活用するためには多大なスキルと訓練が必要です。極めて経験豊かな保育者でさえもカリキュラムを適切に運用するには，考え，内省し，既存のスキルや知識をもとに積み上げを行う必要があります。

テ・ファーリキが全訳される運びとなり，日本の教育者や研究者，その他日本語でテ・ファーリキを読みたいと思っていらっしゃる方々に読んでいただけるようになったことは大変な光栄です。これを可能としてくださった大橋節子博士，内田伸子博士，中原朋生博士，上田敏丈博士，神代典子氏の素晴らしい働きに敬意を表します。

皆さまとテ・ファーリキを共有させていただけることを大変喜ばしく思っております。テ・ファーリキにご関心をお待ちいただき，研究してくださっていることに感謝申し上げます。

The Office of Early Cildhood Education主席顧問　サラ・アレグザンダー

◇　　◇　　◇　　◇　　◇

キア・オラ・タトウ，こんにちは。

テ・ファーリキ（織布で作られた敷物という意味のマオリ語）は，アオテアロア・ニュージーランドの包摂的な乳幼児カリキュラムにおいてさまざまな要素（ストランド）が一体となることのメタファーです。テ・ファーリキの和訳は，そのイメージに新たな側面をもたらす画期的なものです。

IPUによるテ・ファーリキの翻訳は，南太平洋の文化が北太平洋の文化と紡ぎ合わされることでできあがる敷物が，我々が共有できる土台となることを描いています。

卓越した教育と研究ならびに幅広い文化的ダイバーシティの中心地であるニュージーランドのマナワツ州 パーマストン・ノース市は，1990年以来IPU NZを迎え入れる土台を提供させていただいています。

IPU NZキャンパスは，ニュージーランドにおいて日本の文化，ことば，伝統に対する理解や認識を高めるうえで大きな役割を果たしてくださると同時に，大学とパーマストン・ノース市のアカデミックな評価を高めてくださいました。

IPUの大橋節子博士率いる研究者チームが，カリキュラムとしてのテ・ファーリキの価値を理解し，和訳をしてくださったことは，ニュージーランドの教育者にとって素晴らしい賛辞です。

ケテ・アロヌイ（知識のバスケット）をさらに広く共有するべく努力してくださる同時に，両国にとって不可欠な国際的友好関係を強化してくださったことに敬意を表します。

ンガー・ミヒ，ありがとう。

ニュージーランド，パーマストン・ノース市長　グラント・スミス

◇　　◇　　◇　　◇　　◇

ニュージーランドの「テ・ファーリキ」を成功裏に翻訳された日本の同僚の皆さまに心よりお祝い申し上げます。69頁にわたるテ・ファーリキの和訳は多大な作業です。乳幼児教育は両国の教育において極めて重要な要素であると同時に，両国の最も若い市民に最高の学び方を提供できるよう，互いに理解，スキル，戦略，協働を深めることで，多くを学び合える分野です。日本のチームの皆さまのご努力に敬意を表します!!

IPUニュージーランド名誉学長・環太平洋大学名誉教授　ウェイン・エドワーズ
大英帝国勲位 OBE

第4章　カイアコ（保育者）の責任 …… *73*

第5章　理論とアプローチの基礎 …… *75*

第6章　アセスメント，計画，評価 …… *80*

◇　◇　◇　◇

テ・ファーリキ：2つの道しるべ …… *88*

第9章　ニュージーランドの保育者は何を大切にしているか ·········· *123*
上田敏丈

序章

今なぜニュージーランド保育なのか
—『テ・ファーリキ』(2017年改訂版) 完全翻訳に至る背景と思い—

監訳・編著者を代表して　大橋 節子

1. IPU New Zealandの挑戦

　1987年，環太平洋圏の若者の国際化実現のために，現 IPU・環太平洋大学理事長大橋博が「環太平洋大学構想」[*1]を提唱。1990年，構想具現化初の国際大学として，ニュージーランドの北島にあるパーマストンノース市に，ニュージーランド政府認可の全寮制私立国際大学 International Pacific College[*2]（現 国際大学 IPU New Zealand, 以下IPU NZ[*3]）を開学（写真1），当時大学を創るにあたり，私も現地へ幾度も渡った。

　プロペラ機で降り立った小さな空港，飛行機のドアが開くと同時に草の香りが印象的であった。空の色は美しく，空気が澄むとはまさにこのことだと肌で感じた。空の色，空気の味，草の匂いこそニュージーランドの人々の中に自然を呼び起こし，生きることの楽しみを伝えているものなのだと。

　ニュージーランドのパーマストンノース市に大学を開学したことは，大きな試練でもあったが同時に歓びを感じ，このような環境こそが大学で学び，人として豊かに育つ大きな要素になる。その思いに大いに気持ちが高揚したことを，今でも覚えている。

　以来30年，現在では多国籍の教員，学生が集い，学ぶ国際大学として，IPU NZ からたくさんの卒業生が巣立っている。日本人学生の多くもグローバル人材として，力強く成長してい

[*1]　現在のIPU・環太平洋大学理事長である大橋博（当時43歳）と，環太平洋諸国の教育分野専門家が集い，「21世紀における高等教育への革新的なアプローチのための理想的なモデル」を構築テーマに議論を重ね，1987年に「環太平洋大学構想」というプロジェクトへと発展した。その内容は，「どのキャンパスにおいてでも，卒業要件となるすべての単位を修得した学生は，単位互換により学位を取得できる」を結論とし，環太平洋諸国にあるキャンパスの共同体により高等教育システムを確立するというものである。

[*2]　International Pacific College（IPC）は，「環太平洋大学構想」の計画における第一号キャンパスとし，1989年教育法（Education Act 1989）に基づき，ニュージーランド建国150周年の1990年，ニュージーランド初の私立国際大学として15代ポール・リーブス総督（当時）により宣言された。なお，2010年IPC開学20周年には19代アナンド・サティアナ総督（当時）のスピーチにおいて「IPCはニュージーランド最初の私立高等教育機関」と述べられている。詳しくは，政府公式HP（https://gg.govt.nz/publications/international-pacific-college）を参照いただきたい。ニュージーランドでは法により「University」の名称は厳しく制限されている。私学は「Tertiary Institute（高等教育機関）」であるが，日本では大学との表現が一般的であるため本著では大学としている。

[*3]　IPCは，2015年に国際大学IPU NZに名称変更。IPU NZでは，大学院課程や学士課程，国際ビジネスやその他専攻の国際関係，日本研究，言語（TESOL）研究，環境研究にも重点を置いた現代国際学学士号を展開。パーマストンノース市にあるキャンパスで，世界20カ国以上からの留学生と教授陣が集まり，ビジネス学，国際関係学，環境学の専門知識や語学・教養を学ぶ大学に成長した。母国を離れニュージーランドで学ぶ留学生，国際的なキャリアを目指すニュージーランド国内の学生も支援している。

写真序-1　IPC開設時の記念石碑（現 IPU NZ に設置）

る。IPU NZではさまざまなテーマが示され，学べば学ぶほど探求心がわき，寝る間も惜しんで学びに没頭した学生。小さい頃の夢を絶対にこの地で達成しようと取り組んだという学生。IPU NZで自分は変わった，生き方を学んだという学生。そんな学生たちの声を聞き，姿を見るたびに，IPU NZ開学の意義を感じている。

2. ニュージーランドの環境と精神文化

　IPU NZで育っている学生は，日本の若者の考えよりもMatureな（大人っぽい）感じがする。レディスファーストや小さい子どもたちには，どんな状況であれ心から優しく，人として思いをこめて精一杯接している様子が見受けられる。まず，人への思いやり，そして次に自らのこと，そういう習慣が身についている。人から何か言われて動くのではなく，自分の目で確かめ，自分の頭で確認し，心で動くという手順をきちんと踏んで相手を理解し，自分の言葉で語りかける。

　言葉の豊かさ，感情表現の豊かさをIPU NZで身につけていく。そんな彼らの特徴をかたち創ってきた背景には，ニュージーランドの目に見えぬ心の豊かさや，精神文化的なものが大きく影響していると感じる。

　女性や子どもに優しく接する文化はマオリ文化では当たり前。男性の前を女性は歩かない。会合などをする場合でも男性が前，女性が後ろ。これは男女の序列ではなく，女性を守るという姿勢のあらわれであり，価値観やその精神が深く根づいている。

　このような偉大なる土地で育まれたマオリの人々の価値観や文化が，人種を超えて，ニュージーランドに生きる人々の間に大きく浸透しているのではないかと考えている。

3. 待つことを楽しむ

　私自身，この30年，ニュージーランドと日本を往来する中で大きな変化を感じている。例えば，何事においても「待つ」ことに関してイライラしなくなった。日本にいるとなんでも「すぐ」が当たり前で，待つ時間は待たされる時間と思ってしまう。でも，ニュージーランドでは，待つ時間を楽しむ生き方をしている。羊や牛が道を塞（ふさ）いでも，店で注文したものが遅くても，誰もイライラしている風景を見ることはなく，待つことを楽しむのである。

　私たちは2018年5月にニュージーランド保育の現地調査を行った。そこでは，日本とは違う風景が眼の前に広がっていた。子どもたちは野原を駆け回り，夏でも冬でも半袖半ズボン，ときには裸足で泥だらけになって走り回っている。先生たちはそれをニコニコ見守っている。命に関わること以外は子どものやることを俯瞰（ふかん）して見守り，何かを指示したりしない。子どもたちは棒切れ1本あれば，自分たちで遊びを創っていく。そして自由気ままに遊ぶ中で，さまざまなことを学んだり，秩序を覚えたり，社会性を身につけていくのである。先生は必要な時に声をかけ，問いかけをするが，答えは求めず与えず，子どもが自発的に考え，会得し，行動するのを待つ，そんな保育であった。同じような光景は家庭での子育てにも見られるのである。待つことを楽しむ姿は，ニュージーランドでの教育や保育の考え方にも共通すると感じている。

4. 評価と価値

　日本人は小さい時から，自分の評価で動くとか自分の価値観で考えて動くといった体験が少ないのではないだろうか。他人から評価された価値で自分の価値を決め，行動していく。それが大人まで続くことが多いように思う。

　子育てにも同様の傾向があるのではないだろうか。大人が子どもにベストだと思うプログラムを作って規則正しく教え，そのとおりにできた子を偉いと褒（ほ）める。大人の評価があり，価値観が柱にある教育になっているような気がする。周辺の評価や価値を気にしながら子育てをすると，誰かの評価や価値を気にしながら生きていく子どもが育っていく。そうであってはいけないように思う。子どもが自らの評価や価値を誰かに委ねるのではなく，自分自身で評価を繰り返し，自分の価値は自分でつくることを重要視した教育や保育に転換すべきではないだろうか。

　ニュージーランドの人々を見ていて感じるのは，評価や価値の柱を自分自身の中にしっかり持っていることである。自分に備わっているものを大切に思い，自分は何をしたいのかを考え，周りの力を自分の力にしながら生きていく。そのような価値観は子育てにもあらわれていて，子どもが自分の柱を自分でつくっていく過程を大切に見守る教育や保育につながっているように思える。

　日本の子どもたちにも，そのように自分の中に柱をしっかり持った生き方をしてほしい。子どもは本来，自分で決めたことはやろうという意欲がわく。自分でやりたいと思ったことは続けることができる。自分が興味のあることには一生懸命取り組み，もっと知ろうと挑み，やりたいことを見つけ続ける力が湧いてくると信じている。その力をさらに引き出し，自らの中に評価と価値の軸を置いて，日々成長を続けていけるようにしてあげたい。ニュージーランドとともに過ごした30年を経て，改めてそう強く思う。

　日本では，これをやりなさい，あれをやりなさい，これができないとだめ，そんな大人の指示や評価を子どもたちに押しつけているような場面がまだまだ多く見受けられる。自分自身も反省に立ちながら，子どもたちの成長をどのように見守るか，人が生きるうえで大切なことを含めて，みんなで考えてみる機会をつくりたいと考えた。そしてそのヒントになるものが，ニュージーランドの乳幼児教育の根底に置かれている考え方「テ・ファーリキ」の中に，見つかるのではないかと考え，焦点を当てた。

5. テ・ファーリキの完全翻訳へ

　近年，ニュージーランドも時代の流れとともに価値観が変わってきているのは確かである。しかし，絶対にこれだけはというものを守り続けているように思う。とはいえガバナンス（統治・管理）する部分，される部分も増えてきた。そのような流れがはたしてよいのか，改めてもう一度見直し始めた。それが「テ・ファーリキ」の改訂（2017年）につながっているのではないかと考えている。守るべきは守り，正すべきは確信をもって正す見直しが行われた。

　改訂版「テ・ファーリキ」でまず注目すべきは，子どもたちのとらえ方である。

　　「子どもたちは，有能で自信に満ちた学び手であり，コミュニケーションの担い手。心身，精神ともに健全で，確固たる帰属感と社会に価値ある貢献ができるという自覚を持っている」（テ・ファーリキを支えるビジョンより，14ページ）

　子どもたちは，生まれてゼロからスタートするのではなく，生まれながらに最高の価値を持っているという認識が根底にあるのが見て取れる。

　乳幼児教育に携わる大人たちの役割については，以下のように書かれている。

　　「子どもは一人ひとりがその子独自の旅をしている。子どもたちは学ぶことを切望しながらこの世に生まれ，子どもたちに多くの望みをかける家族，ファーナウ（子育て応援隊）やアイガ〔拡大家族（監訳者追記：サモア語）〕に迎え入れられる。乳幼児教育の場における教師，教育者，カイアコ（保育者）は，その望みを実現するべく，パートナーとして家族と協力する」（15ページ）

　このような認識は私にとって新鮮だった。日本では子どもたちを教え導くのが教師や保育者であり，その家族に対しても，子どもを教え，導くようにしなければならないというような発想がどこかにあるように思うが，「テ・ファーリキ」では，明確にパートナーと位置づけている。

　子どもを独立した「個」として認め，向き合い，子ども自身が自ら成長の旅を続けていく中で欠かせない経験や，欠かせない人にどのように繋ぐかというのがパートナーとしての役目であり，子どもを一人の人間として扱う度量の大きさを感じるとともに，教師・保育者の役割とは何かを，改めて考えさせてくれた。

　IPU NZ の取り組みも含めて，私は 45 年間教育に携わってきた。乳幼児，児童，不登校経験のある中高生，また夢と希望を持ち社会へと向かう大学生と，たくさんの成長過程にある人々と向き合ってきた。乳幼児教育，学校教育の第一線に立つ人材の養成にも取り組んできた。その中で，子どもたちに学ぶこと，教えられることが数え切れないほどあった。自分が教育しているつもりになっていたけれど，そうではないと自覚させられることが多く，今も彼らから学び続けている。さらに，子どもたちのパートナーとして，私自身これからいかに歩んでいけばよいか，改めて見つめ直したいと思っている。

　ニュージーランドの価値観や精神文化，そして乳幼児教育との出会いが，大きなきっかけであったことは確かである。そこで得たものを，日本で乳幼児教育に携わる方々とも共有することができればとの考えで，「テ・ファーリキ」（2017 年改訂版・英語版）の完全翻訳のプロジェクトを今回立ち上げた。

　「テ・ファーリキ」については，要約や部分的な翻訳はすでに出ているが，私たちは，完全翻訳に大きな意義と役割があると考えた。もちろんその原点にあるマオリの方々の言葉で理解することに鍵を見つけた。

　このような思いのもと全体を通して読むことで，「テ・ファーリキ」が本当に伝えようとしていることがよく理解できると考えたのである。先ほど述べた子どものとらえ方，乳幼児教育の考え方はもとより，「言葉」のとらえ方一つとってみても私たちが普段使う「言葉」とは定義が違うなど，さまざまな発見や示唆があった。

　本書は保育のためのマニュアルではなく，また「テ・ファーリキ」に書いてあるとおりにやってくださいというものでもない。学び手自身で読み解き，感じ，子どもたちとの日々のあり方の中で，関わり方を発見していただくことを願うものである。

6. 思いと力添えを得て

　今般の完全翻訳版の出版にあたっては，多くの方々の力添えをいただいた。

　まずは，完全翻訳に向けた思いと目的をご理解くださり，完全翻訳を許可してくださったニュージーランド教育省の皆さまに深く感謝申しあげたい。ニュージーランド教育省からは，「テ・ファーリキ」の完全翻訳および出版許諾の申請を受けるのが，世界で初めてであるとう

かがった。ニュージーランド教育省が出版しているものを完全翻訳して，日本の皆さまの手元にお届けできるのが初めてだということも特筆すべき事柄と考えている。記載内容を誤解なく正しく伝えることができるものになるのか等々，私たちの完全翻訳に向けた知見や体制のことなども含め，テレビ会議などでの打ち合わせは繰り返し行われ，何時間にも及び，貴重なご意見や示唆をいただいた。教育を理解し，環太平洋圏で新しい教育に取り組んできたIPU NZの30年間を評価していただけたことは，大変ありがたく思っている[*4]。

　また，ニュージーランドの方と結婚された日本の保育者の方，マオリ語の監修とアドバイスをくださった方々，IPU NZのスタッフすべての方の協力があり，このたびの完成に至った。この「テ・ファーリキ」完全翻訳ならびに解説は，「子どもたちへの思い」の総意がここに結集したものといえる。2018年に現地調査をした際，ご協力・ご教授くださった現地保育関係者・施設の皆さまにも深く感謝している。

　今回の出版にあたっては，発達心理学の第一人者であるお茶の水女子大学名誉教授の内田伸子先生（現 IPU・環太平洋大学教授）の，全身を眼にしたような詳細な観察と思考が基礎にあることをお伝えしたい。また，保育・教育学に造詣の深いIPU・環太平洋大学次世代教育学部こども発達学科教授の中原朋生先生，保育者養成のエキスパートである名古屋市立大学教授の上田敏丈先生が翻訳プロジェクト・チームに参加してくださり，第2部解説編を加え，「テ・ファーリキ」完全翻訳ならびに解説が完成した。

　翻訳に全精力を注いでくださった，神代典子さんには心からの感謝を伝えたい。典子さんとの出会いは，IPU NZ開学2年目以来28年にわたり，IPU NZでの重要な会議，式典での通訳を行ってもらっている。IPU NZの歴史は彼女の通訳なしには語れない部分も多くある。彼女は，オーストラリアのシドニー在住で，政府や企業，学会などの同時・逐次通訳者として活躍されている。典子さんの通訳は的確で丁寧で，互いの間に心の架け橋をしっかり築いてくださる。ご自身小さな頃からお父さまの仕事の関係で海外に住まわれ，グローバル化が進む中，先駆者としての苦労を超えて今日活躍の場を広げている。また，母親として3人のお子さまを育てられてきた。そのような典子さんだからこそ今回の完全翻訳の意味と意義を理解してくださり，力を尽くしてくださるのではないかと考え，翻訳を依頼した。最初は「私は通訳者であって翻訳者ではないので…」と言われたが，完全翻訳に向けた思いをお伝えしたところ，自身の勉強も含めて取り組みたいと引き受けてくださった。そして資料・文献をひもとき幼児教育に関しても深く学ばれ，クリスマスも正月もなく取り組んでいただいた。マオリ語も十分に確認をして進めてくださった。気になる部分は，内田先生，私，そして2人の先生方とすべてその都度多数のメールやオンライン会議での協議を重ね，魂を込めて翻訳にあたってくださった。

[*4]　2007年，計画の二つ目であるキャンパスが日本の岡山県に開学。「教育と体育の融合」を教育の理念とするIPU・環太平洋大学は，15年を経て中・四国・九州地方を代表する大学となりつつある。開学当初から存在する次世代教育学部，体育学部に加え，2016年4月には経営学部（2022年に経済経営学部に改組予定）が開設され，さらに，ニュージーランドと日本，二つのキャンパス間での学生と教員のより活発な交換交流が実現した。2021年現在，当初の計画をさらに発展させるべく，ニュージーランドで学び，二つの国の二つの大学の卒業資格が可能になるシステムを構築している。

　ここにお届けできる「テ・ファーリキ」の完全翻訳は，一言一句が宝物のように光っている。完全翻訳を形にできたのは，偏に典子さんのご尽力の賜物であるとともに，子育ての真実のようなところにたどり着こうとして協力し合った関係者の思いが，一つに織り上がってできたチームワークの成果である。

7. 結びにかえて―HONGI：魂のすり合わせを―

　ニュージーランドの伝統的な「HONGI」と呼ばれる挨拶がある。握手をしながら顔を近づけ，互いの額と鼻を軽くすり合わせる挨拶である（写真序-2）。鼻をすり合わせることで互いの命の息（マオリ語で「ハ」）を交換し，魂を合わせ，相手を仲間として受け入れるという意味を持つ。最初は恥ずかしく戸惑いもあったが，その意味を知って感激し，30年間大切にHONGIを行っている（IPU NZの新入学生・教職員の歓迎はHONGIから始まる）。

　同じ空気を吸って同じ空間で生きて魂をすり合わせる，そのことを今回の完全翻訳を通じてチームと実践できたと思う。そして，この本を手に取られた皆さまとも共有できればと願っている。

　子どもと同じ空気を吸い，同じ空間で生き，魂をすり合わせながら，パートナーとしてその成長を見守り，支えていく。「テ・ファーリキ」には大人と子どもの間で交わすべきHONGIの精神があるようにも思いながら，ここに，日本で初めてとなる「テ・ファーリキ」完全翻訳を届けたいと思う。

　コロナ禍にあって「小さな先駆者」と呼ばれるニュージーランドへの畏敬の念を抱きつつ。

写真序-2　ニュージーランドの伝統的な挨拶「HONGI」の様子

テ・ファーリキ
ニュージーランド乳幼児教育カリキュラム

He whāriki mātauranga mō ngā mokopuna o Aotearoa

表紙のファーリキ（敷物）

　表紙[*1]には織布で作られたファーリキ（敷物）の裏面の一部が描かれている。新たな命，成長，可能性の象徴である緑色は，テ・モアナ・ヌイ・ア・キワ（太平洋）各地で織物の素材として使われるハラケケ（亜麻）やパンダナスの葉の色である。

　ファーリキ（敷物）の表には織り手の芸術性が示される一方，裏にこそ織り手の熟練度が現れる。優れた織り手は，計画とテクニックの土台を熟考する。これがしっかりしていれば，質が表に現れるからである。

　織り手は，ハラケケ（亜麻）やパンダナスの新しい房を紡ぎ合わせながらファーリキ（敷物）を作っていく。紡ぎ合わせた部分が，ヒキまたはホノと呼ばれる継ぎ目になる。本の背を沿う濃い緑がホノで，新たな素材の継ぎ目が新たな学びの象徴である。

　テ・ファーリキはマオリ語を指導言語とするカリキュラムと英語を指導言語とするカリキュラムの合冊[*2]で，両言語が同格であることを示すために，片側からは英語，反対側からはマオリ語で書かれて一冊になった本である。中央で開くと織り込まれていない房がいくつかあり，ファーリキ（テ・ファーリキのメタファーである敷物）が今後も紡がれていくことを示すと同時に，子どもの可能性と継続的な学びの旅の象徴となっている。

　表紙のファーリキ（敷物）と11ページの図（監訳者追記：本書では21ページに掲載）[*3]は，ベテランのカイランガ（織り手）であるマリ・テ・ヘイ−ロパタ（Mari Te Hei-Ropata）氏とグラフィックデザイナーのテ・イウィホコ・ラギヒラウェア（Te Iwihoko Rangihirawea）氏の作品である。

　教育省[*4]は，本書作成にあたり許可を得た上で子どもたち，保護者，ファーナウ（子育て応援隊），カイアコ（保育者），教師，教育者の写真を使わせていただいたことに感謝する。

以下，〔監訳者注〕とあるもの以外は，すべて原書の注である。
[*1]　〔監訳者注〕　原書『Te Whāriki』はカラー印刷で，表紙の図柄は緑色をベースにデザインされている。
[*2]　〔監訳者注〕　ニュージーランドでは英語版とマオリ語版の合冊として刊行されている。
[*3]　〔監訳者注〕　図は口絵にも掲載している。原書では紫色，赤色，青色，青緑色，緑色および灰色に色分けされている。
[*4]　〔編訳者注〕　ニュージーランド教育省。

『Te Whāriki』の原書表紙

はじめに

子どもは宝。育まれ，成長し，花開くもの。
He taonga te mokopuna, kia whāngaia, kia tipu, kia rea.

　すべての子どもは計り知れない可能性を持って生まれてくる。質の高い乳幼児期の学びに支えられ，子どもたちは可能性の具現化を始め，乳幼児期以降の学びと生涯に向けた力強い基盤をつくり始める。ニュージーランドの乳幼児の学びは世界有数の高い水準にあり，大半の子どもたちが乳幼児の学びの場に参加し，あらゆる豊かな関係や体験の恩恵を受けている。

　1996年に初版が公表されたテ・ファーリキ乳幼児教育カリキュラムは，アオテアロア（ニュージーランド）独特の乳幼児の学びに対するアプローチを形成する優れた枠組みとなった。初版から20年が経過した今，リフレッシュされた改訂版をご紹介できることを嬉しく思う。

　2つの文化の融合によって構成されている点において比類なきテ・ファーリキは，「ニュージーランドで育つすべての子どもたちが，しっかりとしたアイデンティティとことば，文化を持ち，有能かつ自信を持つ学び手になる」という我々のビジョンを表現している。テ・ファーリキは，2つの文化によって樹立された国，多文化である今日の姿，そして今我々が築きつつある共通の将来を重視し，子どもをよく知り，その子にとっての最善を望む大人たちに支えられながら，すべての子どもがその子独自の方法で学ぶことを奨励している。

　このビジョンはさまざまなかたちで表現されている。保育サービスは，保護者やファーナウ（子育て応援隊），コミュニティーと協力しながら，学びと発達のプログラムを設計し，展開している。プログラムは各地域の優先事項を反映し，子ども一人ひとりの固有の学びの道すじを支えている。ファーリキ（敷物）の基本コンセプトが，このように多様で個性ある保育サービスを実現し，支えているのである。

　テ・コーハンガ・レオ・ナショナル・トラスト（マオリ語保育園ナショナル・トラスト）[*]は，コーハンガ・レオ（マオリ語を指導言語とする乳幼児教育センター）の理念を支える伝統的なマオリのコンセプトに依拠する初版のテ・ファーリキの開発を支え，多大な貢献をしてくださった。敬意を表する。このコンセプトは乳幼児教育セクターで広く受け入れられ，今日においても我々の考えの枠組みとなっている。ナショナル・トラストには，改訂版についても多大な貢

---

[*]〔監訳者注〕　**テ・コーハンガ・レオ・ナショナル・トラスト**：コーハンガ・レオ運動の理念を推進し，マオリと政府機関のパートナーシップを促進するために設立された機関。1996年の初版テ・ファーリキの作成過程からマオリ側の代表執筆者を選出。

献をしていただいた。初版の内容を拡充し，テ・ファーリキ・ア・テ・コーハンガ・レオ（マオリ語を指導言語とする乳幼児教育センター向けのテ・ファーリキ）として改訂され*，コーハンガ・レオ（マオリ語を指導言語とする乳幼児教育センター）におけるモコプナ（子孫，子ども，子どもたち）やファーナウ（子育て応援隊）のための明確なカリキュラムの道しるべとなっている。

乳幼児教育セクターにおいて，貴重なリーダーシップと専門知識を駆使し，今日，そして将来の世界のためにこの文書を形づけてくださった方々にも敬意を表す。

今回のアップデートされた改訂版は，今日のニュージーランド社会の多様性や新たな理論や教育原理を含む乳幼児の学びに関わる変化を反映しており，明確かつエンパワメントをもたらす学びの成果を示し，ニュージーランド・カリキュラム（ニュージーランドの小中高カリキュラム）とテ・マラウタンガ・オ・アオテアロア（マオリ語を指導言語とする学校のカリキュラム）に確実に接続するものとなっている。子どもたちは，急速に変化し，グローバル化する世界に適した学び方を身につけていく，21世紀の市民として位置づけられている。改訂版は，集団としての努力を集結することによって子ども一人ひとりの学びが実を結ぶよう，カーフイ・アコ（学びのコミュニティー）の仕事を支えるものである。

評価を得，知名度が高いカリキュラムの改訂版をご紹介し，同様に評価されている英語版とマオリ語版の2つの道しるべを推薦させていただけることを光栄に思う。保護者，ファーナウ（子育て応援隊），コミュニティーとともに，このカリキュラムに息を吹き込んでくださる教員やカイアコ（保育者），教育者の才能と献身的な努力に心より感謝する。

教育は生涯の学びにおける不可欠な基礎であり，最も幼い学び手を質の高い人生の実りに導く道しるべである。

チヘイ・マウリオラ！（カリキュラムの命の息吹による前進を信じて）

Hekia Parata　（ヘキア・パラタ）

教育大臣

テ・ティリティ・オ・ワイタンギ〈ワイタンギ条約〉

テ・ティリティ・オ・ワイタンギ（ワイタンギ条約）は，ニュージーランド建国の文書。マオリ族と英国君主の代表が1840年に調印した同条約は，マオリとパーケハー（ヨーロッパ系ニュージーランド人）がアオテアロア・ニュージーランドの国民として関係を構築するための基盤となる文書である。その関係の中心に位置づけられているのは，パートナーシップ精神を持って共生することと，参加し，守ることを義務として受け入れることに対するコミットメントである。

---

* 〔監訳者注〕テ・ファーリキ1996年版は，英語91頁とマオリ語8頁を合わせて一体化され編纂された。しかし2017年版は，テ・ファーリキ（英語69頁）とテ・ファーリキ・ア・テ・コーハンガ・レオ（マオリ語41頁）が別々に作成され，2編が独立を保ちつつ1冊のカリキュラムとして印刷されている。

　テ・ティリティ（条約）の影響はニュージーランドの教育制度にも及んでいる。マオリの人々も公平な結果を達成できるようにすることと，テ・レオ・マオリ（マオリ語）が存続するのみならず，さらに繁栄することが特に重視されている。この文脈において乳幼児教育は，モコプナ（子孫，子ども，子どもたち）の学びを支える文化応答的な環境を整え，公平な学びの機会を提供することにおいて重要な役割を果たしている。その重要性は，テ・ファーリキ乳幼児教育カリキュラムの随所で強調されている。

　ニュージーランドはますます多様な文化が共存する国となっている。テ・ティリティ（条約）はニュージーランドにおけるすべての移住者を網羅すると解釈されており，移住者を歓迎するニュージーランドの思いがパートナーシップとして示されている。乳幼児教育の分野で働く人々は，職場におけるさまざまな文化を大切にし，サポートすることで，人口構成の変化に応えている。

E tipu, e rea, mo nga ra o tou ao,

ko to ringa ki nga rakau a te Pakeha

hei ara mo te tinana,

ko to ngakau ki nga taonga a o tipuna Maori

hei tikitiki mo to mahuna,

a ko to wairua ki to Atua,

nana nei nga mea katoa.

Sir Apirana Ngata (1949)[1]

与えられた命を力強く生きよ

手は，食物を得ることを目的にパーケハー（ヨーロッパ系ニュージーランド人）の道具を持ち，

心は，自分の頭に飾る王冠となる先祖の宝に馳せ

魂は，すべてが属する神に捧げよ

〔アピラナ・ンガタ卿（Sir Apirana Ngata）*，1949年〕

---

[1] オリジナルは手書き。その複写がルアトリアのンガタ記念高校の図書館に飾られている。

* 〔編訳者注〕　**アピラナ・ンガタ卿（Sir Āpirana Turupa Ngata：1874〜1950）**：ニュージーランドのマオリ系政治家の中で最も著名な人物の一人。1897年には弁護士として政界入りし，マオリ青年党を設立。1905年には国会議員，1928年にはマオリ大臣などを歴任。

子どもたちは,

有能で自信に満ちた学び手であり

コミュニケーションの担い手。

心身，精神ともに健全で，

確固たる帰属感と

社会に価値ある貢献ができる

という自覚を持っている。

序　論

ランギアーテアに蒔かれた種は永遠に失われない。
He purapura i ruia mai i Rangiātea e kore e ngaro.

　マオリの伝統では，子どもは受胎，出生，そして時が始まる前からマオリの世界の大切な一員だったとされる。子どもたちは，神々の故国であるランギアーテアから旅を始めた。この世に生まれ，必ず存続できるよう，大切な種のように育てられ，自己の大切さを認識することを繰り返し教えられている。
〔リーディ（Reedy）*，2013年〕

　テ・ファーリキ：ヘ・ファーリキ・マータウランガ・モー・ンガー・モコプナ・オ・アオテアロア（ニュージーランド乳幼児教育カリキュラム。略称：テ・ファーリキ）は，ニュージーランドの乳幼児教育の場で使用されるカリキュラムで，カリキュラム実施のための指針である[2]。

　テ・ファーリキを支えるビジョンは以下のとおりである。

> 　子どもたちは，有能で自信に満ちた学び手であり，コミュニケーションの担い手。心身，精神ともに健全で，確固たる帰属感と社会に価値ある貢献ができるという自覚を持っている。

　アオテアロア・ニュージーランドにおけるテ・ファーリキのビジョンとは，社会がマオリをタンガタ・フェヌア（アオテアロア・ニュージーランドの最初の定住者の子孫）として認め，マオリのことばや文化を守ることを共通の義務とし，マオリはマオリとして教育で成功を収めることを保証することである。

　子どもは一人ひとりがその子独自の旅をしている。子どもたちは学ぶことを切望しながらこの世に生まれ，子どもたちに多くの望みをかける家族，ファーナウ（子育て応援隊）やアイガ（拡大家族（監訳者追記：サモア語））に迎え入れられる。乳幼児教育の場における教師，教育者，カイアコ（保育者）は，その望みを実現するべく，パートナーとして家族と協力する。

　人生を歩む力を育むカリキュラムを，子どもたちが乳幼児期に体験することが期待される。

テ・ファーリキではカリキュラムの概念を広義に解釈しており，乳幼児教育の場における直接的または間接的なすべての体験，アクティビティ，行事を網羅するものとしている。カリキュラムには原理（プリンシパル），要素（ストランド），目標，学びの成果の枠組みが提示されており，これが子どもたちのマナ（魂・畏敬）[*1]や，尊敬し合う，応答的な互恵関係の大切さの前提となっている。乳幼児教育の場では，この枠組みをもとにそれぞれの地域独特の特徴や価値観を反映する各園のカリキュラムを紡ぐ。

今日のニュージーランドの子どもたちは，あらゆる文化や民族を擁する多様な社会に育っている。テ・ファーリキは，さまざまな生い立ちの子どもたちが，力強いアイデンティティ，ことば，文化を持って育つようサポートする。なかんずくテ・ファーリキは，パシフィカ（ニュージーランドに住む南太平洋地域出身の人々とその子孫）の教育に対する希望も具体的に認識している。パシフィカの人々は，歴史上そして今日に至るまで，ニュージーランドと強いつながりがある太平洋島嶼地域に由来するアイデンティティを持つ人々である。

カリキュラムは，過去，現在，未来を論じるべきである。急速に変化すると同時にますます繋がりが強化される世界のグローバル市民として，子どもたちには適応力，創造力，レジリエンス[*2]が必要とされる。新たな環境や機会，チャレンジなどを前向きにとらえ，機知に富んだ取り組みが行えるよう，子どもたちは「学び方を学ぶ」必要がある。ゆえにテ・ファーリキは，生涯の学びを支える知識，技能，態度，そして学びへの構えの発達を強調するのである。

（1）改訂にあたって

テ・ファーリキの初版は，教育省によって1996年に出版された。その目的は多岐にわたっ

テ・ファーリキ：乳幼児教育カリキュラムの略称。正式名はTe Whāriki: He whāriki mātauranga mō ngā mokopuna o Aotearoa Early childhood curriculum（テ・ファーリキ：ニュージーランド乳幼児教育カリキュラム）。

乳幼児教育（ECE；Early Childhood Education）：乳幼児教育とは，認可を受け，規制対象となっているあらゆる乳幼児教育の提供を含む。例えば，教育・保育センター（モンテッソーリ，シュタイナーなどの特徴あるセンターも含む），幼稚園，プレイセンター，家庭託児所，院内保育所などが含まれる。

就学前教育サービス（Early learning services）：上記に加え，コーハンガ・レオ（マオリ語を指導言語とする乳幼児教育センター）を含む。

乳幼児教育の場（ECE setting）：幼児が教育や保育を受けるすべての場所。上記のサービスに加え，無認可もしくは非正規のプレイグループなども含む。

カイアコ（保育者）：すべての教師，教育者，その他の大人。保護者主導の乳幼児教育の場において，保育や教育の責任者となっている保護者も含む。カリキュラムについて保護者が集団として責任を持つ環境においては，保護者やファーナウ（子育て応援隊）もカイアコ（保育者）として認識される。乳幼児教育サービス（ECE service）ではあらゆる用語が使われているが，カイアコ（保育者）という用語は，本カリキュラムで重視している「教えと学びの互恵性」を伝える言葉であるため，本書ではカイアコ（保育者）を使う。

[*1] 〔監訳者注〕　**マナ（mana）**：マオリ文化の価値観を理解するための鍵概念である。土地や自然への畏怖・畏敬の念，人間に対する敬意や尊敬の念，さらに実在物や人間に潜在する"精気"（スピリチュアル・パワー）への畏怖・畏敬の念までが含まれる。マナの定義については，英語版の説明，『マナ語・英語対訳辞典』を参考にした。

[*2] 〔監訳者注〕　**レジリエンス（resilience）**：弾力，回復力を意味し，幼児教育の文脈ではストレスに対する折れない心，困難な状況への対応力などを示す。近年，非認知能力のひとつとされ注目されている概念。

ていた乳幼児教育セクターを，子どもたちのための共通の願いと合意形成を経た枠組みを中心に統一することであった。枠組みは，原理（プリンシパル），要素（ストランド），目標で構成されている。教員，教育者，カイアコ（保育者），子どもたち，家族，ファーナウ（子育て応援隊）は，その枠組みを使用し，固有のカリキュラムとなるファーリキ（敷物）を紡ぐ。

　ニュージーランドで高く評価され，国際的にも認められたテ・ファーリキは，国レベルの乳幼児教育カリキュラムがまだ少なかった時代に出版された。

　それから20年が過ぎたが，本版が初めての改訂版である。社会や政策の変化ならびにカリキュラム，アセスメント，教育理論，実践などに関する顕著な教育研究成果などを認識し，反映した内容となっている。初版と同様，テ・アオ・マオリ（マオリの世界）の概念を活かして開発し，構成したものである。

　コーハンガ・レオ（マオリ語を指導言語とする乳幼児教育センター）のカリキュラムは，テ・ファーリキ・ア・テ・コーハンガ・レオ（マオリ語を指導言語とする乳幼児教育センター向けのテ・ファーリキ）として独立した文書となっている。印刷物としてのテ・ファーリキとテ・ファーリキ・ア・テ・コーハンガ・レオ（マオリ語を指導言語とする乳幼児教育センター向けのテ・ファーリキ）は，英語を指導言語とするカリキュラムと，マオリ語を指導言語とするカリキュラムの合冊で，片側からは英語，反対側からはマオリ語で書かれて一冊になった本である。二つのカリキュラムの枠組みは，同じ原理（プリンシパル）と要素（ストランド）を共有している。

　改訂版は，アオテアロア・ニュージーランドにおける将来世代の子どもたちの保育カリキュラムをリフレッシュし，より豊かな内容とすることを意図したものである。

（2）乳幼児教育提供者へ

　認可を受け，規制対象となっているすべての乳幼児教育提供者が，ニュージーランドの広報にて公表されている教育省の乳幼児教育カリキュラムの枠組みを実施することを義務づけられている。テ・ファーリキはこの枠組みを基盤とし，カリキュラム実施を支えるための指針を提供するものである。

1. ニュージーランドの乳幼児教育

一つの種から育つ木が，たくさんの実をつける。
Kotahi te kākano, he nui ngā hua o te rākau.

　このファカタウキー（ことわざ）は，人間には共通性があるものの，一人ひとりに個性があることを強調している。乳幼児の学びにおいては，互いの関係を維持しつつ，一人ひとりの違いが称賛される。

　今日のニュージーランドでは，子どもはほぼ全員が長期間にわたって保育サービスに通っており，相当数の子どもたちが，生後1年以内に保育サービスに入園する。

　極めて多様なサービスが存在し，理念，運営体制，法人も多種多様である。社会環境，教育目標，保護者の価値観，雇用形態などの変化に伴い，さまざまな理念やモデルが経時的に導入されてきた。サービスの多様性は，ニュージーランドにおける保育の価値ある特徴である。

　初期の乳幼児教育サービスは，教員がいるコミュニティー・ベースの幼稚園であったり，保護者主導型のプレイセンターだった。これらは今日でもニュージーランドの教育体制の重要な担い手であるが，ニュージーランド全土で乳幼児教育や保育は大きく拡大しており，センター型，家庭型，院内型のサービスも含まれるようになっている。これらのサービスは，通常，比較的長時間の保育を行い，より広い年齢層の子どもに対応している。加えて，コミュニティー・ベースの認可プレイグループも多くの地域に存在している。

　保育サービスは，地域の学校やクラ（マオリ語を指導言語とする学校）などを含む，幅広い教育ネットワークの一部となっていることが多く，地域社会における幼児やその家族の健康と幸福を支援する他の団体とも協力している。

　保護者とファーナウ（子育て応援隊）は，ニーズや好みに応じて利用可能な保育サービスから適切な施設を選ぶ。多くの場合，通いやすさ，価値観，適切な文化などが主な比較検討要素となる。乳幼児期に数種類の保育サービスに通う子どももいる。

　テ・ファーリキは，このような環境において統一をはかる重要な役割を果たしており，カリキュラム開発に関わる原理（プリンシパル），大切な学びを説明する要素（ストランド），学びを支える環境の提供に関わる目標，学びの成果などを記載している。

　各乳幼児教育サービスが，ハプー（部族）やイウィ（親族），コミュニティーの願いや優先する学びを考慮しながら，子どもたち，保護者，ファーナウ（子育て応援隊）とともに，それぞれの地域独特の大切な学びのカリキュラムを紡ぐ基盤として，テ・ファーリキを利用することが求められるのである。

　各園のカリキュラムの特性に貢献する要素として，以下のような点があげられる。

・文化的視点。例えば，ンガー・プナ・レオ（マオリの乳幼児センター）のようなバイリンガル（監訳者追記：2言語で教育を行う施設），または言語イマージョン施設*における文化的視点
・一人ひとりの子ども特有の学びのニーズ
・保育の時間帯が短時間，学校の授業時間と同じ，終日など，構造的な違い
・子どもたちの年齢層
・環境として活かせる要素もしくは制約となる要素
・当該地域の民族的・文化的構成
・モンテッソーリ，シュタイナーなど，組織または理念として強調している要素
・都市部や地方など，地域によって異なるリソース

---

* 〔監訳者注〕　**言語イマージョン施設**：イマージョン（immersion）は，どっぷりつかる，浸漬を意味する。ある子どもが日常生活において英語とマオリ語の両方を使用していても，マオリの乳幼児センターではマオリ語のみを使用する場合がある。その場合，その施設は言語イマージョン施設となる。

・保護者，ファーナウ（子育て応援隊）やコミュニティーの関わり方

（1）ンガー・コーハンガ・レオ（マオリ語を指導言語とする乳幼児教育センター）

コーハンガ・レオ（マオリ語を指導言語とする乳幼児教育センター）は，マオリ語イマージョンの教育・保育を提供する認可施設で，ファーナウ（子育て応援隊）の発展を広い視点で重視している。

コーハンガ・レオ（マオリ語を指導言語とする乳幼児教育センター）は，1970年代後半にファーナウ（子育て応援隊）主導で始まった草の根活動で，テ・レオ（マオリ語）とチカンガ・マオリ（マオリの習慣，風習，儀式など）の再活性化と維持を牽引してきた。最初のコーハンガ・レオ（マオリ語を指導言語とする乳幼児教育センター）が発足したのは1982年だが，その直後に多くのコーハンガ・レオが開園している。今日コーハンガ・レオは，ニュージーランド各地の地方や都市に存在している。

テ・ファーリキ・ア・テ・コーハンガ・レオ（マオリ語を指導言語とする乳幼児教育センター向けのカリキュラム）は，コーハンガ・レオ（マオリ語を指導言語とする乳幼児教育センター）に通うモコプナ（子ども）を対象とするカリキュラムをまとめたものである。

（2）パシフィカ（ニュージーランドに住む南太平洋地域出身の人々とその子孫）・サービス

パシフィカ（ニュージーランドに住む南太平洋地域出身の人々とその子孫）のアイデンティティ，ことば，文化的価値観の継続と伝承は，パシフィカの乳幼児教育サービス発足の牽引力となった。最初のパシフィカ乳幼児教育サービスは，1984年に開園している。各言語特有の指針と実施に関わるアドバイスは，主たるパシフィカ系民族ごとに個々に提供されており，パシフィカの子ども，保護者，アイガ〔拡大家族（監訳者追記：サモア語）〕と関わる際に考慮すべきプロセス，方法論，アプローチなども示されている。ファ・アサモア（サモアの習わし），ファーカ・トンガ（トンガの習わし），ファーカ・トーケラウ（トーケラウの習わし），ファカ・ニウエ（ニウエの習わし），アカノ・アンガ・クキ・アイラニ（クック諸島の習わし），ヴァカ・ヴィティ（フィジーの習わし）が含まれている。

2. ファーリキ

ファーリキは子どもにエンパワメント（力）を与え，我々の願いを運ぶ
He whāriki hei whakamana i te mokopuna, hei kawe i ngā wawata

---

パシフィカ：ニュージーランドに住む，南太平洋地域出身の多様な人々を網羅する用語。彼らは，特にサモア，トンガ，クック諸島，フィジー，ニウエ，トケラウア，ツバル等の太平洋諸国に家族や文化的な結びつきを持つ。パシフィカは，最近移住した人々，ニュージーランドの長期在住者，ニュージーランド生まれの人々を擁する。

原理（プリンシパル）
エンパワメント〈ファカマナ〉
ホリスティックな発達〈コタヒタンガ〉
家族とコミュニティー〈ファーナウ・タンガタ〉
関係性〈ンガー・ホノンガ〉
要素（ストランド）
ウェルビーイング〈マナ・アトゥア〉
帰属感〈マナ・フェヌア〉
貢献〈マナ・タンガタ〉
コミュニケーション〈マナ・レオ〉
探究〈マナ・アウトゥーロア〉

　ファーリキは紡ぎ合わされた敷物で，本書では乳幼児教育カリキュラムのメタファーとして使われている。カリキュラムでは，4つの原理（プリンシパル）と5つの要素（ストランド）が織り合わされている。テ・ファーリキの核となる子どもたちのためのビジョン（5〜6ページ，監訳者追記：本書では14〜15ページ）は，原理（プリンシパル）と要素（ストランド）が一体化することで表現される。

　保育の場においてカイアコ（保育者）は，子どもたち，保護者，ファーナウ（子育て応援隊），コミュニティーと協力しながら原理（プリンシパル）と要素（ストランド）を紡ぎ合わせ，それぞれの保育の場に即した各園のカリキュラムを作成する。このように考えると，織り布で作られた敷物であるファーリキ（カリキュラム）は，万人がその上に立つべきものととらえることができる。

　ファーリキ（敷物）とラランガ（織物の作成）は，マオリにとっては象徴的かつスピリチュアルな意味がある。ファーリキ（敷物）を紡ぐには知識とスキル，時間が必要であり，ほとんどの場合，共同作業で作成される。緻密に織り込んで完成したファーリキ（敷物）は，その芸術性とカウパパ（マオリのことば，習慣，知識，道理，イデオロギーなど）が高く評価されるタオンガ（宝物）である。パシフィカ（ニュージーランドに住む南太平洋地域出身の人々とその子孫）にも，マオリと同様，各々の太平洋島嶼国特有の独自のテクニックやパターンを用いたファーリキ（敷物）を作る伝統がある。

　ファーリキ（敷物）は，成長してゆく子どものメタファーという解釈もある。テ・ファーリキ・ア・テ・コーハンガ・レオ（マオリ語を指導言語とする乳幼児教育センター向けのカリキュラム）でも，ファーリキ（敷物）をそのように解釈しており，ファーリキ（敷物）は人間の成長の4つの側面であるチナナ（身体），ヒネンガロ（知性），ワイルア（魂），ファトゥマナワ（心）を含むとされている。

　ここに描かれているコーフィティ・ファカパエ・ファーリキ（あや織の織物）は，旅人を水平線のかなたまで導く旅の出発を象徴している。濃い灰色は可能性の領域と啓発の始まりであるテ・コレ（潜在的な命の領域）とテ・ポー（闇の領域）を示し，緑は新しい命と成長を表している。紫，赤，青，青緑はさまざまな文化的含意があり，カリキュラムの基盤となる原理（プリンシパル）の重要性を強調するために使われている（監訳者追記：口絵1参照）。

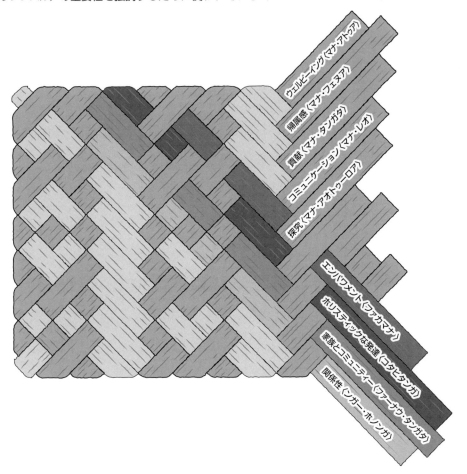

ウェルビーイング（マナ・アトゥア）
帰属感（マナ・フェヌア）
貢献（マナ・タンガタ）
コミュニケーション（マナ・レオ）
探究（マナ・アオトゥーロア）
エンパワメント（ファカマナ）
ホリスティックな発達（コタヒタンガ）
家族とコミュニティー（ファーナウ・タンガタ）
関係性（ンガー・ホノンガ）

3. すべての子どもたちのためのカリキュラム

私は自分自身の力でここまで来たのではなく，家族，部族，先祖からの贈り物，才能，力を持って来たのである。

Ehara taku toa i te toa takitahi engari he toa takitini.

　マオリの伝統では，子どもたちは本質的な力量があり，有能かつ豊かで，年齢や能力に関係なく，完成体であり，優れた才能があるとみなされている。世の始まりまでさかのぼる種族の血筋を引き，過去，現在，未来をつなげる命ある大切な環であり，先祖の反映である。この思想が教えることと学ぶことに対するマオリの解釈の基礎である。

　テ・ファーリキでは，子どもたちは，生まれた時から自信を持つ有能な学び手として位置づけられる。彼らは人，場所，モノと有意な関わりを持ちながら学び，そのプロセスは生涯続く。

　カリキュラムでは，すべての子どもに以下の権利があることが認識されている。

・ウェルビーイングが守られ，増進されること

・学びの機会への公平なアクセス

・自分のことば，文化，アイデンティティが認められること

・自分の生活において主体性が育まれるようになること

　これらの権利は，マナ（魂・畏敬）のコンセプトと一致している。

　本章では，ダイバーシティーを受け入れる包摂的かつ応答的実践として求められることについて言及する。各園に基本として求められるのは，子どもの権利を認識し，学びにおいて追加のサポートが必要な子どもも含め，すべての子どもの積極的な参加を可能とさせるカリキュラムの提供である。乳幼児や小児の広義の特性と，その特性とカリキュラムの関わりについても解説する。

（1）アイデンティティ，ことば，文化

　子どもたちが家庭で話していることばや子どもたちの文化が教育の場で大切にされ，カイアコ（保育者）が子どもの文化における知り方やあり方に応答すると，学び手のアイデンティティが育まれる。マオリにとっては，マオリの世界観をカイアコ（保育者）が理解することが重要である。マオリの世界観では，子どものファカパパ（家系，先祖）とマオリが創造した文化との繋がりが重視される。マオリが創造した文化は，テ・コレ（潜在的な命の領域），テ・ポー（闇の領域），テ・アオ・マーラマ（命と光の世界），アトゥア・マオリ（マオリの神様），チープナ（先祖）を網羅するものである。カイアコ（保育者）がテ・レオ・マオリ（マオリ語）とチカンガ・マオリ（マオリの習慣，風習，儀式など）を毎日のカリキュラムに織り込むことで，すべての子どもが保育の場においてマオリ語に触れることができるようになるはずである。

　今後，子どもたちは2言語以上を学び，2言語以上を使って学ぶことになるであろう。公用語である英語，テ・レオ・マオリ（マオリ語），ニュージーランド手話に加え，約200の言語がニュージーランドでは使われており，そのうち最も多く使われているのは，サモア語，ヒンズー語，北京語（中国北部），フランス語，広東語である。教育の場における言語学習では，家庭のことばを土台にすると，子どもたちはよりたやすく2つもしくはそれ以上のことばで会話し，読み書きができるようになる。

　乳幼児教育の場において，子どもたちがニュージーランドの公用語の一つであるニュージーランド手話を学び，聾者（ろうしゃ）の文化も学ぶ機会を得ることが望ましい。一部の子どもにとってはニュージーランド手話が母語であり，乳幼児教育関係者も，手話の使用と発展をサポートする責任がある。

（2）インクルーシブなカリキュラム

　テ・ファーリキは，すべての子どものためのインクルーシブなカリキュラムである。インクルーシブであるということは，ジェンダーや民族，能力や学びにおけるニーズなどのダイバーシティー，家族構成や価値観，社会経済的ステータス，宗教などの多様性を網羅することである。

　テ・ファーリキでは，すべての子どもが他者と寄り添って協力しながら，彼らにとって意味のある体験をすることで，学ぶ力を与えられることが約束されている。そのためにカイアコ（保育者）は，一人ひとりの子どもの力量，関心，能力，ニーズに積極的に応答し，時には追加のサポートを学びや行動，発達，コミュニケーションなどについて提供する必要がある。

　インクルーシブなカリキュラムの提供には，必要に応じて環境や教育のアプローチを調整することや，参加や学びの障壁を取り除くことも含まれる。障壁としては，物理的（物理的な環境の設計など），社会的（参加を抑制する慣行など），概念的なもの（特定の子どもたちにとって適切とみなされることを制限する考え方など）がある。インクルーシブに教えるということは，カイアコ（保育者）が家族，ファーナウ（子育て応援隊），コミュニティーと協力しながら，障壁を見出し，取り除くことを意味する。

　マオリにとってのインクルーシブなカリキュラムとは，マオリの価値観や原則，強靭さを基盤とするものである。カイアコ（保育者）はモコプナ（子ども）とともに双方にとって前向きな関係を構築し，ファーナウ（子育て応援隊）と協力しながら高い志を実現することを目指す。

（3）乳　幼　児

　子どもの学び方には，一人ひとり個性がある。したがって，学びの速度やタイミング，新しい知識やスキルをさまざまな状況で応用する能力の発達などは，子どもによって大きく異なる。これはアー・トーナ・ワー（自分のペースで）ということわざにも反映されている。

　子どもの能力は，その日によって変わることも多々ある。子どもの気質，健康状態，環境，周りの人々の期待などにより，数分内に自立状態と依存状態を行き来することもある。乳幼児期のカリキュラムは，このような変動に対応するための柔軟性が必要であり，慣れ親しんだ経験と新たな探究や挑戦の機会を，隣り合わせで提供するべきである。

　子どもの学びや発達は，子どもがどのようなことができるべきか，いつ，どこで能力を発揮するのが適切か，などの文化的な期待値によって形成されることもある。すべての子どもに個性があり，学びの軌道は社会的または文化的な背景に左右されるものの，出生から小学校入学までの年月において見受けられる典型的な特性やパターンもある。

　マオリ語には，モコプナ（子ども）の発達段階を表現する一連のことばがある。ピリポホは授乳のこと。授乳中，ペーピ（赤ちゃん）は，心臓に近い位置で抱かれ，安心して周囲を観察し，人々と慣れ親しむようになる。コーナクナクは，固形食を食べるようになったモコプナ（子ども）。この段階では動き回るようになり，ことばでコミュニケーションをし始める。コーフンガフンガ（乳幼児）も子どもの乳幼児期を意味することばの一つである。

　子どもの発達は，乳児（出生から1歳半まで），トドラー*（1歳から3歳まで），幼児（2歳半から小学校入学まで）の3つの重複する大枠の年齢層で考えると有益である。学びと発達は予見可能な順序で進むのが一般的であるが，一部の子どもについては，さらなるアセスメント，計画，介入，援助が必要な発達の要素もある。

　以下，乳幼児の典型的な特性の一部とカイアコ（保育者）向けの指針を示す。詳細な指針は，22ページ（監訳者追記：本書では33ページ）から50ページ（監訳者追記：本書では62ページ）の要素（ストランド）の章に記載されている。

（4）乳児（監訳者追記：出生から1歳半まで）

　身体的，認知的，社会情緒的な成長と発達は，生涯の中で乳児期に最も急速に進む。この時期に形成される神経経路は，将来のすべての学びの基礎となる。

　乳児は急速に学んでおり，個々のケア・ニーズを満たしてくれる感性豊かな大人の対応に依存している。授乳やおむつ替え（育児の儀式ともいう）の育児行為を通じて，乳児は信頼することや自分が愛情に値することを学んでいる。カイアコ（保育者）は子どもの権利を認識し，乳児を尊重し，適切な場合は乳児が主体性を発揮できるようにする。

　多くの子どもは乳児期に保育の場を経験する。この時期は，子ども自身，保護者，ファーナウ（子育て応援隊）にとって意義深い接続期である。

■乳児の関心と能力の発達

・乳児は，出生時から自分のニーズを伝えることができ，徐々にさまざまな出来事を予期できるようになる。カイアコ（保育者）が手がかりやジェスチャーを敏感に観察し，乳児のニーズに応え，学びの機会を与えてくれることが，乳児にとっては大切である。

・乳児は，急速にコミュニケーション・スキルを身につけている。カイアコ（保育者）は豊かなことばの環境の中で思慮深い意思疎通を通じて，そのプロセスを援助する。

・乳児は，身体的，感情的，文化的，スピリチュアルなニーズが予測可能なかたちで満たされるという信頼感を育んでおり，親しみある大人がそばにいるという安心感を必要としている。

・乳児は，人，場所，モノとの配慮ある互恵関係を通じて学ぶ。そのためには，カイアコ（保育者）が感覚的刺激の量に細心の注意を払ってくれる穏やかな環境が必要である。

・乳児の健康とウェルビーイングの状態は急速に変化しうるため，一貫性と思いやりある育児が必要である。

　乳児の保育と教育には専門的な知識と実践が必要である。乳児のカリキュラムでは，一対一の保育の時間が学びのために大切であることが認識されている。カイアコ（保育者）が保護者

---

* 〔監訳者注〕　**トドラー**：テ・ファーリキでは子どもの発達特性を，乳児（infants），トドラー（toddlers），幼児（young children）の3つの区分で説明している。乳児は出生からおおむね1歳半，トドラーはおおむね1歳から3歳，幼児はおおむね2歳半から小学校入学までである。トドラーは乳児と幼児の間であり，急速に発達を遂げる好奇心旺盛な重要な時期とされる。なお発達心理学では，トドラーを1歳から2歳半と定義する場合もある。

やファーナウ（子育て応援隊）と密接なパートナーシップを組み，乳児が乳幼児教育の環境に適応できるよう援助し，子どもの関心，ニーズ，能力の変化について定期的にやりとりすることは不可欠である。

（5）トドラー（監訳者追記：**1歳から3歳まで**）

　トドラーは自律した学び手としてアイデンティティを形成しつつある。初めて乳幼児教育の場に入園するトドラーもいれば，同じ施設内の新しい環境に接続中であったり，別の施設に転入する接続期のトドラーもいるであろう。彼らは異なる環境でさまざまなことが求められる中，舵取りの仕方を発見しつつある。自分の世界を探究し，知りたい，自立度を高めたい，もっといろいろコントロールしたいという要求が子どもたちにはある。それらの要求は，彼らを知り，理解している，親しく感性豊かな大人が支えうる。

　トドラーの身体的能力，社交能力，認知能力，言語能力は急速に発達している。彼らは，人，場所，モノと，豊かで満足感が得られる数多くの体験の機会を必要としている。

■トドラーの関心と能力の発達

・トドラーは活動的で好奇心旺盛であり，自分の世界を理解しようとしている。どこまでできるかまたは許されるかを試したり，因果関係を観察することを楽しみながら，作業理論（活用できる理論）を構築し，磨きをかける。カイアコ（保育者）は彼らの関心事に着目し，新しい学びや反復的な学びの機会を与えながら，子どもたちをサポートする。

・トドラーは，言語コミュニケーションと非言語コミュニケーションの両方を用い，ことばの受動的スキルとアウトプット・スキルを伸ばしている。彼らのことばの習得は，会話，物語，歌などに支えられ，それらに子どもたちが関わる度合いは高まっていく。

・トドラーは，時には激しく予測不能な感情の中で，自己調整を学んでいる。カイアコ（保育者）は落ち着いて子どもに選択肢を示すことで，自己調整を援助する。トドラーは，観察，探索，社会的交流を介して参加し，学び，文化的な慣習や日常的な決まりや約束事，さまざまな活動などを次第に率先するようになる。

　トドラーのカリキュラムは，急速に伸びている彼らの能力に応答するものである。学びを拡大し，創造性を育む体験において，一人で探究する機会や仲間と関わる機会が提供される。カイアコ（保育者）はトドラーが新しい環境に接続する際は，彼らの能力や関心がさらに伸びるよう配慮する。学びに関する期待が低すぎたり，高すぎたりすると，トドラーは飽きたり，フラストレーションを感じることがある。カイアコ（保育者）は明確かつ一貫性がある限度を定めると同時に，トドラーの主体性を高める権利を認め，尊重する。

（6）幼児（監訳者追記：**2歳半から小学校入学まで**）

　幼児期には，ことばや探究，自分とは異なる視点を理解する能力などが育つ。異なる文化では異なることが求められることや，ある場面で適切なことが他の場面では適切でないことを理解し，文化的に求められることに対する認識が大きく伸びる。

　予期できないことや変化に対応する能力も高まるが，カイアコ（保育者）の精神的サポート，尊重，受容に支えられると，子どもの能力はさらに伸びる。幼児は自分の活動を計画し，観察，調整することも学んでいる。学び手としての自分に対する認識が発達し，同年齢の仲間との関わりを好むことが多くなる。

　幼児カリキュラムとしてのテ・ファーリキは，主として遊びを基盤とした多数の豊かな体験を提供するものである。このような体験を介した探究，コミュニケーション，表現を通じ，子どもたちは身近な世界や広い世界について理解を深めていく。幼児は，読み書き，算数，その他の領域の知識に関心を持ち始めており，極めて想像力豊かな思考を示すこともできる。

■幼児の関心と能力の発達

・幼児は自分を取り巻く世界におけるあらゆるパターンや秩序を認識しており，不思議に思うことや予測外のことに出合うと，問い，探究し，試してみる。

・ナンセンスやユーモアを認識し，反応する。

・家族，ファーナウ（子育て応援隊），家庭，マラエ〔ファーナウ（子育て応援隊）に関わる建物や土地の集合体〕，保育の場などを広い世界の文脈の中でとらえることができるようになる。

・知識の発達，象徴化，表現などにおいて新たな能力が備わってくる。発話行為や文字，数字，ロゴ，標識の認識，ならびに単語，童謡，歌，音楽の中の音の認識などについて，自信をつけていく。

・多くの幼児は，しっかりとしたバイリンガル，もしくはマルチリンガル話者となりつつある。

・美術，音楽，ダンスなどを通じて，クリエイティブに自分を表現することを楽しむ。

・読み書きや算数の能力の発達によって，推論の展開，ことばの探究，物質界や社会に関する熟慮や情報獲得など，新たな目的が果たせるようになる。

・ワーキングメモリー*の発達により，物語を語る，ワイアタ（歌）を歌う，カラキア（祈り）を唱える，より複雑な作業理論（活用できる理論）や問題解決の戦略を展開する，注意力を維持する，今まで以上に粘り強く好奇心を示す，などの行為が見られるようになる。

・社会的なスキルの発達により，友人をつくり，友情を維持することや，ファーナウンガタンガ（親族）との付き合いにも互恵的に関わることができるようになる。

・自分以外の人の視点も理解し始める。

・運動力などの動きのスキルを確立，統合，洗練しつつある中，より困難な身体的チャレンジを求めている。

・計画，確認，探究などの戦略を展開し，経験やタスクを振り返りながら，学び手としてのアイデンティティをさらに発達させている。

・遊びの機会を活用し，周りの友だちや大人とともに，または自分の想像の中で，さまざまなアイデアについて話し合ったり，試したりすることで，自分や周りの人々の文化やアイデン

＊〔監訳者注〕　**ワーキングメモリー**：従来，短期記憶といわれていた概念である。例えば，子どもたちが保育者による口頭の指示を一時的に記憶し，理解し，それに沿った一連の行動を取る際に機能する。認知心理学においては作業記憶とも呼ばれる。

ティティを探究する。

　カイアコ（保育者）は幼児の学びと発達を援助するために，子どもたちが新しいチャレンジを体験できる機会，自分で選んだ学びの目標を達成する機会，長期プロジェクトに参加する機会などを提供する。このような機会は子どもの能力を拡大し，学びのレパートリーを増やし，学校やクラ（マオリ語を指導言語とする学校）とのスムーズな接続に資することになる。

　　テ・ファーリキの真の強みは，アオテアロア・ニュージーランドと世界のすべての文化のために，力強く，耐久性のある基盤を確立できることである。テ・ファーリキの基礎となる理論は，学びの基盤が子どもたちの文化的ルーツに対する理解と尊重を土台とするものであれば，すべての子どもが教育環境で成功するとしている。

　　　　　　　　　　　　　　　　　　〔リーディとリーディ（Reedy & Reedy）*, 2013年〕

---

4. カリキュラム・フレームワークの構成

　カリキュラムは，原理（プリンシパル），要素（ストランド），目標，学びの成果の観点から説明されている。

▶ 原理（プリンシパル）
　原理（プリンシパル）は，ニュージーランドのすべての乳幼児教育に求められる 4 つの基本を説明するものである。
　原理（プリンシパル）はカリキュラムにおける意思決定の基盤であり，教育理論と実践のすべての側面の指針である。
　原理（プリンシパル）は，17ページ（監訳者追記：本書では29ページ）から21ページ（監訳者追記：本書では32ページ）に記載されている。

▶ 要素（ストランド）
　要素（ストランド）では，学びと発達の 5 つの領域を説明する。要素（ストランド）の中で重視されるのは，自信を持つ有能な学び手である子どもたちが必要とする能力発達を援助することである。
　要素（ストランド）については，22ページ（監訳者追記：本書では33ページ）から50ページ（監

---

* 〔監訳者注〕　**リーディとリーディ（Tamati Reedy/Tilly Reedy）**：リーディ夫妻は，テ・コーハンガ・レオ・ナショナル・トラストのメンバーとして，1996年の初版テ・ファーリキの作成からマオリ側の代表執筆者となった人物。2017年改訂版においても，ヘレン・メイ，マーガレット・カーとともに，改訂作業の当初から助言者として参画している。なお，同姓婚が認められているニュージーランドでは夫妻という表現は用いず，パートナーと表現される。

訳者追記：本書では62ページ）に記載されている。

▶ 目　　標

目標はカイアコ（保育者）のために設定されている。原理（プリンシパル）に一致し，カリキュラムの各要素（ストランド）を横断するかたちで，子どもの学びや発達を援助する環境や教育理論を支える特徴を説明している。

▶ 学びの成果

学びの成果は，価値ある学びに関する大枠の目標である。カリキュラムの計画や評価の基盤となる一方，子どもの発達に関する評価を裏づけるものでもある。

目標と学びの成果の概要は，24ページ（監訳者追記：本書では35ページ）から25ページ（監訳者追記：本書では37ページ）に記載されている。

要素（ストランド）ごとの目標と学びの成果については，27ページ（監訳者追記：本書では38ページ），32ページ（監訳者追記：本書では43ページ），37ページ（監訳者追記：本書では48ページ），42ページ（監訳者追記：本書では53ページ），47ページ（監訳者追記：本書では58ページ）に記載されている。

第1章　原理（プリンシパル）〈カウパパ・ファカハエレ〉

> **モコ（子ども）よ，力強く立ち上がれ。あなたは親の鏡像。先祖の青写真。**
> *Tū mai e moko. Te whakaata o ō mātua. Te moko o ō tīpuna.*

　このファカタウキー（ことわざ）は，モコプナ（子ども）が先人たちの化身であるということを知り，それを誇りに思い，力強く生きることを奨励している。

　カリキュラムは，エンパワメント（ファカマナ），ホリスティックな発達（コタヒタンガ），家族とコミュニティー（ファーナウ・タンガタ），関係性（ンガー・ホノンガ）の4つの原理（プリンシパル）に支えられている。原理（プリンシパル）はカリキュラムにおける意思決定の基盤であり，教育理論と実践のすべての側面における指針である。

　テ・ファーリキは，選択し，計画し，挑戦する能動的な学び手として子どもたちを大切にしている。ゆえに，子どもたち（発話前の子どもも含む）に耳を傾け，子どもの気持ち，好奇心，関心，知識がどのように保育環境に関与しているかを観察し，子どもが自らの学びに貢献することを奨励する，互恵的な関係が誘発される。

[スミス（Smith）*，2007年]

---

1. 原理1：エンパワメント〈ファカマナ〉

> **乳幼児カリキュラムは，学び，成長するためのエンパワメントを子ども自身にもたらす。**
> *Mā te whāriki e whakatō te kaha ki roto i te mokopuna, ki te ako, kia pakari ai tana tipu.*

エンパワメントの原理（プリンシパル）：ニュージーランド学校教育カリキュラムの原理（プリンシパル）でもあり，「高度な期待」「ワイタンギ条約」「インクルージョン」「学び方を学ぶ」にも反映されている。

* 〔監訳者注〕**アンナ，B.，スミス（Anne Briar Smith：1940-2016）**：オタゴ大学名誉教授であり，ニュージーランドにおける子どもの権利に関する研究者の草分け的な存在。子どもの権利や発達論の観点からテ・ファーリキを支援し，ヨーロッパ側の作成代表者であるヘレン・メイやマーガレット・カーと学術的かつ社会的関わりを続けた。

　この原理（プリンシパル）は，エンパワメントをもたらすカリキュラムをすべての子どもが体験することを意味している。カリキュラムは，子どもたちのマナ（魂・畏敬）を認め，増進し，子どもたちが他者のマナ（魂・畏敬）を増進できるよう援助する。マオリは，すべての子どもがチープナ（先祖）から受け継いだマナ（魂・畏敬）を持って生まれてくるとしている。マナ（魂・畏敬）は生きる力であり，守られ，強化されるべきものである。

　可能性を最大限発揮できる学びや発達に向けて，子どもは尊重され，大切にされなければならない。そのためには，子どものウェルビーイング（心身の健康）が増進され，危険から守られ，参加や学び，休息や遊びにおいて，公平な機会を得る権利が子どもにあることを認識する必要がある。

　カイアコ（保育者）は，子どもたちがあらゆる豊かな体験に参加し貢献できるよう，応援し，援助するという重要な役割を果たしている。これにより，子どもたちの能力と自信が育ち，徐々に子ども自身が自分の生活の舵取りができるようになる。

　エンパワメントがもたらされる環境において，子どもたちは独自のアイデアを創造し，それを行動に繋げる主体性を持ち，興味ある分野の知識やスキルを身につけ，徐々に自分に関わることは自分で決め，判断できるようになっていく。遊びを楽しみ熱中することは価値あることとみなされている。カイアコ（保育者）は魅力的で楽しい体験を提案する。

　エンパワメントに関する視点は文化的なものである。したがって，各園のカリキュラムを作成する際，カイアコ（保育者）は，子ども，保護者，ファーナウ（子育て応援隊）などの意見を取り入れる必要がある。

2. 原理2：ホリスティックな発達〈コタヒタンガ〉

乳幼児カリキュラムは，子どもたちがホリスティックに学び，成長する流れを反映している。

Mā te whāriki e whakaata te kotahitanga o ngā whakahaere katoa mō te ako a te mokopuna, mō te tipu a te mokopuna.

　人間の発達は認知的（ヒネンガロ），身体的（チナナ），感情的（ファトゥマナワ），スピリチュアル（ワイルア），社会的，文化的な側面から考察しうるが，これらの側面は密接に織り合わさり，相互依存しているため，ホリスティックにとらえる必要がある。マオリの視点では，時と空間を超えてさまざまな側面を繋げているスピリチュアルな側面が，ホリスティックな発達の基盤となる。

　子どもたちはホリスティックに成長するので，すべての側面の能力を横断的に伸ばす，網羅

ホリスティックな発達の原理（プリンシパル）：ニュージーランド学校教育カリキュラムの原理（プリンシパル）である「一貫性」「ワイタンギ条約」「インクルージョン」にも反映されている。

的で豊かなカリキュラムが必要である。特定の学びの領域に重きを置く場面でも、カイアコ（保育者）はその領域が他の学びの側面とどのように関係し、繋がっているか、それが子どもの力量をいかにして高めるかを考えることが求められる。

　物理的な環境、心の状態、周りの友だちや大人との関係性、目の前のニーズなど、その場におけるすべての側面が、子どもがその時の体験から学べることに影響を及ぼす。ホリスティックなアプローチでは、子どもは学びを求める個人、その場で子どもが取り組んでいることは有意な全体像、全体像はそれを構成する要素の合計よりも大きいとみなされる。

　子どものホリスティックな育ち方と学び方について、カイアコ（保育者）が知識と理解を持つことは重要である。加えて、さまざまな文化が集まる保育の場では、子どもの発達や、家族やファーナウ（子育て応援隊）の役割に関する考え方が異なることも、カイアコ（保育者）は認識しなくてはならない。

3. 原理3：家族とコミュニティー〈ファーナウ・タンガタ〉

家族とコミュニティーで構成される広い世界は，乳幼児カリキュラムの不可欠な要素である。

Me whiri mai te whānau, te hapū, te iwi, me tauiwi, me ō rātou wāhi nohonga, ki roto i te whāriki, hei āwhina, hei tautoko i te akoranga, i te whakatipuranga o te mokopuna.

　子ども一人ひとりのウェルビーイング（心身の健康）は、カイアコ（保育者）、保護者、ファーナウ（子育て応援隊）のウェルビーイング（心身の健康）と持ちつ持たれつの関係にある。子どもたちが最もよく学び、育つのは、彼らの文化、知識、コミュニティーが認められ、さまざまな場面の繋がりを子どもたちが理解できるよう、家族や知人が支えてくれる環境である。カイアコ（保育者）がファーナウ（子育て応援隊）と有意義な関係を築き、彼らが子どもたちやハプー（部族）、イウィ（親族）、コミュニティーのために望んでいることを尊重することが大切である。

　すべての文化において、特定の知識やスキル、態度や学びへの構えなどを重視する信条や伝統、育児の仕方がある。文化的に適切なコミュニケーション方法が使われ、保護者やファーナウ（子育て応援隊）、コミュニティーがカリキュラムに参加し貢献することが奨励されると、子どもの学びと育ちは増進する。

　保育の場に子どもたちが持ち寄る知識や経験は、すべての乳幼児教育カリキュラムで大切にされ、それを土台としてさらに経験を積み上げる。例えば、子どもの日常や、家族、ファーナ

家族とコミュニティーの原理（プリンシパル）：ニュージーランド学校教育カリキュラムの原理（プリンシパル）である「コミュニティーとの関わり」「ワイタンギ条約」「文化的ダイバーシティー」にも反映されている。

ウ（子育て応援隊），地元のコミュニティーやさまざまな文化のコミュニティーが祝う特別な行事などを，保育の場で紹介することなどが土台となる。

4. 原理4：関係性〈ンガー・ホノンガ〉

子どもは，人，場所，モノとの応答的な互恵関係を通じて学ぶ。

Mā roto i ngā piringa, i ngā whakahaere i waenganui o te mokopuna me te katoa, e whakatō te kaha ki roto i te mokopuna ki te ako.

　保護者やファーナウ（子育て応援隊）は，子どもが通う乳幼児教育サービスが，互いを尊重する関係や，励ましや温かさ，受容を規範とする環境を提供してくれると信じている。

　人，場所，モノとの応答的な互恵関係を介して，子どもは自分のアイデアを試し，作業理論（活用できる理論）を磨く。だからこそ，協調的な願いや冒険，達成感が大切なのである。

　過去，現在，未来との繋がりは，関係性に対するマオリの視点において不可欠である。関係性には，亡くなったチープナ（先祖）との関係や，自分のファカパパ（家系）に関わるマウンガ（山），アワ（川），モアナ（海），フェヌア（土地），マラエ（自分の部族に関わる土地や建物）との繋がりなどが含まれる。

　子どもたちが大切な文化的ツールと関われるよう，カイアコ（保育者）は，あらゆるリソースや機会を含む誘導的な環境を提供するよう配慮している。文化的ツールには物質的なものと心理的なものがあり，地図，ことば，ジェスチャーなど多様である。文化的ツールにアクセスし，ツールを理解し，使用する能力が高まることにより，子どもたちによる自分たちの世界への参加と貢献が拡大することをカイアコ（保育者）は認識している。

関係性の原理（プリンシパル）：ニュージーランド学校教育カリキュラムの原理（プリンシパル）である「インクルージョン」「ワイタンギ条約」「文化的ダイバーシティー」にも反映されている。

第2章 要素（ストランド），目標，学びの成果〈タウマタ・ファカヒラヒラ〉

> **過去の思い出があってもよい。しかし英知は，未来に向けた機会を準備する能力から生まれるのである。**
>
> *He pai te tirohanga ki ngā mahara mō ngā rā pahemo engari ka puta te māramatanga i runga i te titiro whakamua.*

（1）要素（ストランド），目標，学びの成果

　テ・ファーリキの5つの要素（ストランド）は，ウェルビーイング（マナ・アトゥア），帰属感（マナ・フェヌア），貢献（マナ・タンガタ），コミュニケーション（マナ・レオ），探究（マナ・アオトゥーロア）である。テ・ファーリキの英語版では，各要素（ストランド）は英語とマオリ語で表記されている。2つの表記には密接な関係があるが，異なる文化の含意があるので，意味は同一ではない。原理（プリンシパル）とともに，これらの要素（ストランド）が，ホリスティックなカリキュラムの枠組みとなっている。

　各要素（ストランド）の目標には，学びや発達を促進する乳幼児教育の環境や教育理論の特性が記載されている。目標は，現場のカリキュラム責任者であるカイアコ（保育者）のために提示されている。

　各要素（ストランド）の学びの成果は，子どもたちが継時的に身につけてゆく大切な知識や技能，態度や学びに向かう構えを網羅する大枠の記述である。学びの成果がカリキュラムの計画や評価の基盤となり，子どもの発達のアセスメントをする際の参考となる。

（2）知識・技能・態度・学びへの構え

　子どもたちは自分を取り巻く世界に関する理解を深めつつ，知識を形成してゆく。知識には，文化的，社会的，物質的なものがあり，文化，美学，歴史，社会，科学，技術，数学，地理などの情報に依拠している。

　技能は子どもたちができることであり，自分の世界の中でのやりとりや世界との交流を可能とするものである。技能には，空間を移動すること，友だちをつくること，考えを表現すること，特定の道具を使うことなど，多様な能力が含まれる。

　子どもの態度とは，彼らの価値観や信念を反映する視点や立場である。

　知識，技能，態度の組み合わせが構えであり，構えとは，さまざまな状況に応じて特定の反応を示すことである。学びを通じ，子どもたちは，構えのレパートリーを増やし，状況に配慮しつつさまざまな構えを活用する能力を身につけていく。

　テ・ファーリキの学びの成果には，知識，技能，態度が含まれており，それらの組み合わせによって構えや作業理論（活用できる理論）が生まれる。

（3）学びに向かう構えと作業理論（活用できる理論）

　生涯の学びを支えるにあたり，多くの構えが有益であることが確認されている。それらの構えを，学びに向かう構えと表現する。テ・ファーリキと結びつく学びに向かう構えには，勇気と好奇心（関心を持つ），信頼と遊び心（関わりを持つ），忍耐力（難しさ，挑戦，不確実性などに耐える），自信（自分の意見や気持ちを表現する），責任（責任をとる）などが含まれる。学びに向かう構えには，互恵性，創造性，想像力，レジリエンス（16ページの監訳者注参照）なども含まれる。

　学びに向かう構えの中で，何がどのように大切にされるかは，文化的信条によって左右される。テ・ファトゥ・ポーケハ（マオリの学びの評価方法）では，ランガチーラタンガ（権限，権威，主権，自律，リーダーシップ，コントロール，独立），ファカトイ（大胆不敵），マナーキタンガ（尊敬，寛容，もてなし，思いやりのプロセス），アロハ（愛，思いやり，共感，親愛）を，テ・アオ・マオリ（マオリの世界）で大切にされる学びに向かう構えとしている。この他にフーマーリエ（謙虚さ，優しさ，平穏）やファカヒー（誇り）も重視されている。

　学びに向かう構えには，「学びの構え（ready），意欲（willing），能力（able）」の要素も必然的に含まれる。「学びの構え」とはやろうという気持ちがあること，「意欲」とは適時適所に対する感受性があること，「能力」とは必要な知識や技能があることを意味する。学びに向かう構えによって，子どもは学び手としてのアイデンティティを築き，そのアイデンティティは新しい環境や時を超えて子どもとともに旅をし，生涯の学びを支えるものとなる。

　作業理論（活用できる理論）とは，子どもが既存の知識を用いて新しい体験の意味を見出しながら構築するアイデアや理解であり，そのアイデアや理解は常に進化してゆく。子どもにとって作業理論（活用できる理論）が最も構築しやすく，洗練しやすいのは，不確実性が大切にされ，探究がモデリングされ，意味をつかむことが目標とされている学びの環境である。

　学びに向かう構えと作業理論（活用できる理論）は，密に紡ぎ合わされている。例えば，好奇心という構えには，さまざまなアイデアや出来事について探究し，思案する意思や技能が必要であり，探究によって作業理論（活用できる理論）が構築されることが多々ある。

　乳幼児期は，我々の文化で育つすべての人にとって重大な意味がある時期である。この時期が終わる頃には，子どもは社会的存在，考える人，ことばを使う人としての自分に関する概念を形成しており，自分の能力や価値について一定の重要な判断に到達している。

〔ドナルドソン，グリーブ，プラット（Donaldson, Grieve & Pratt），1983年〕*

---

* 〔監訳者注〕　イギリスの心理学者であるドナルドソン（Margaret Donaldson），グリーブ（Robert Grieve），プラット（Chris Pratt）が著した『幼児の発達と教育』（*Early Childhood Development and Education: Readings in Psychology,* Black well, 1983.）からの引用。

　子どもが自分の関心事を振り返りつつ，新しい体験をする際には，学びに向かう構えが作業理論（活用できる理論）の構築や洗練，拡張を支える。経験や知識を蓄積することで子どもたちのさまざまな作業理論（活用できる理論）の関係性が深まり，より応用可能で，有益なものとなり，時にはさらに創造的，想像的なものとなっていく。

　子どもの学びに向かう構えと作業理論（活用できる理論）は，カリキュラム全体の学びを可能とするものであるゆえ，カイアコ（保育者）がこれらの発達を最優先することが求められる。学びに向かう構えと作業理論（活用できる理論）は重要であるため，2つの学びの成果においても具体的に言及されている。1つは，テ・ランガチーラタンガ（子どもが自分自身の学ぶ能力を認識し，理解する），もう1つは，テ・ランガハウ・メ・テ・マータウランガ（作業理論を構築し，磨きをかけることで自分の世界を理解する）である。

（4）カイアコ（保育者）のための助言

　カイアコ（保育者）に期待されるのは，同僚，子どもたち，保護者，ファーナウ（子育て応援隊）と協力しつつ，要素（ストランド）と目標と学びの成果をひも解き，解釈し，それぞれの乳幼児教育環境に適した優先事項を設定していくことである。

　このプロセスをサポートするために，各要素（ストランド）で以下の点が示されている。

・子どもの学びと発達のエビデンスの例
・乳児，トドラー，幼児の学びや発達を促進する実践例
・リーダーシップ，組織，実践に関する考察
・カイアコ（保育者）の振り返りのための質問

1. 概　　要

要素（ストランド）	目　　標	学びの成果
ウェルビーイング〈マナ・アトゥア〉	子どもたちが生活する環境では，	子どもたちは導きと励ましに支えられ，時を経て以下の能力が育まれていく。
	・健康が増進される。	・自分の健康を維持し，身の回りのことをする。te oranga nui
	・心の健康が育てられる。	・自分を管理し，自分の気持ちやニーズを表現する。te whakahua whakaaro
	・子どもが危害から守られる。	・自分や他者を危険から守る。te noho haumaru
帰属感〈マナ・フェヌア〉	子どもたちと家族が生活する環境では，	子どもたちは導きと励ましに支えられ，時を経て以下の能力が育まれていく。
	・家族と家族以外の世界との繋がりが肯定され，拡大される。	・自分の世界の人，場所，モノを関連づけることができる。te waihanga hononga
	・自分の居場所があると確信できる。	・自分たちが生活する場所を大切にし，その手入れなどに参加する。te manaaki i te taiao

帰属感〈マナ・フェヌア〉	・日課，習慣，定期的な行事などについて親しんでいる。	・園における物事の進め方を理解し，変化に適応する。te mārama ki te āhua o ngā whakahaere me te mōhio ki te panoni
	・容認可能な行動の限度や限界を理解できる。	・カウパパ（マオリのことば，習慣，知識，道理，イデオロギーなど），ルール，他者の権利に敬意を示す。te mahi whakaute
貢献〈マナ・タンガタ〉	子どもたちが生活する環境では，	子どもたちは導きと励ましに支えられ，時を経て以下の能力が育まれていく。
	・ジェンダー，能力，年齢，民族，生い立ちにかかわらず，公平な学びの機会がある。	・周りの友だちや大人と公平に接し，遊びの仲間に入れる。te ngākau makuru
	・一個人として認められる。	・自分の学ぶ能力を認識し，大切に思う。te rangatiratanga
	・子どもたちは，周りの友だちや大人と連携・協働しながら学ぶことを奨励される。	・さまざまな戦略やスキルを用いて，周りの友だちや大人とともに遊び，学ぶ。te ngākau aroha
コミュニケーション〈マナ・レオ〉	子どもたちが生活する環境では，	子どもたちは導きと励ましに支えられ，時を経て以下の能力が育まれていく。
	・さまざまな目的のための非言語コミュニケーション・スキルが発達する。	・ジェスチャーや動作で自分を表現する。he kōrero ā-tinana
	・さまざまな目的のための言語コミュニケーション・スキルが発達する。	・話しことば[3]を理解し，さまざまな目的のためにことばを使う（発話行為を行う）。he kōrero ā-waha
	・自分の文化や他の文化の物語や象徴，記号などに触れることができる。	・物語を聞く[4]ことを楽しみ，聞いた物語の再話や物語の作成も楽しむ。he kōrero paki ・印刷された記号や概念を認識し，意味と目的意識を持って，楽しみながらそれらを使う。he kōrero tuhituhi ・数学記号や概念を認識し，意味と目的意識を持って，楽しみながらそれらを使う。he kōrero pāngarau
	・さまざまな創造や表現の手段を発見する。	・あらゆる素材や手段を使って，気持ちやアイデアを表現する。he kōrero auaha
探究〈マナ・アオトゥーロア〉	子どもたちが生活する環境では，	子どもたちは導きと励ましに支えられ，時を経て以下の能力が育まれていく。
	・遊びは意味ある学びとして大切にされ，自発的な遊びの重要性が認識されている。	・遊び，想像，発明，実験。te whakaaro me te tūhurahura i te pūtaiao
	・子どもたちは，自分の身体に自信を持ち，コントロールできるようになる。	・自信を持って身体を動かし，身体的なチャレンジを自分に課す。te wero ā-tinana
	・子どもたちは，積極的な探究，思考，推論のための戦略を学ぶ。	・推論や問題解決のためにあらゆる戦略を使う。te hīraurau hopanga

探究〈マナ・アオトゥーロア〉	・子どもたちは，自然界や社会，物理的世界や物質的世界を理解するための作業理論（活用できる理論）を構築する。	・作業理論（活用できる理論）を構築し，磨きをかけることで，自分が住む世界を有意味化する。te rangahau me te mātauranga

[3] 本書でいうところの「ことば」とは，子どもが第一言語として使うあらゆるコミュニケーション手段を網羅する。ニュージーランド手話や，発話がない子どものための補助・代替コミュニケーション（AAC：alternativr and augmentative communication）も含む。
[4] 聴覚障害または難聴の子どもについては，見る行為も「聞く」ことに含まれる。

2. 要素1：ウェルビーイング 〈マナ・アトゥア〉

子どもの健康とウェルビーイングを守り，育てる。

Ko tēnei te whakatipuranga o te tamaiti i roto i tōna oranga nui, i runga hoki i tōna mana motuhake, mana atuatanga.

　すべての子どもに，健康とウェルビーイングの増進，危害から守られる権利，愛情や優しさ，一貫性のある育児を得る権利がある。

　カイアコ（保育者）には，健康とウェルビーイングに対するマオリのアプローチと，アプローチの実践に関する理解が求められる。テ・ファレ・タパ・ファー（マオリの健康における4つの側面）のようなモデルは，ホリスティックなウェルビーイングにおけるテ・タハ・ワイルア（スピリチュアルな次元）の重要性を強調している。

　健康とウェルビーイングを守り，育てるということには，健康的な食生活や栄養，身体を動かす機会などの身体的なケアに注意を払うことも含まれる。安全で安定した応答的な環境は，子どもたちの自尊心，アイデンティティ，自信，喜びなどの発達を支えるとともに，感情のコントロールや自制心を育てる。

　特に幼小接続期，もしくは転園時において，子どもは一貫性と継続性を必要とする。馴染みある，もしくは予想できる人，場所，モノ，体験などで構成される基盤があれば，子どもは新しい環境にうまく溶け込めるという自信が持てる。

　パシフィカ（ニュージーランドに住む南太平洋地域出身の人々とその子孫）の子どもたちにとってのウェルビーイングとは，子ども，保護者，アイガ〔拡大家族（監訳者追記：サモア語）〕に加え，家族以外の関係を網羅する多面的なコンセプトである。乳幼児教育の場はさまざまな家族が利用しており，ウェルビーイングやその増進に関する思いも多様であるため，カイアコ（保育者）が多様性に対し敏感であることが大切である。

ウェルビーイング：子どもたちがウェルビーイング感とレジリエンス感を持つこと。
マナ・アトゥア：子どもたちは自分のマナ・アトゥアタンガ（唯一性とスピリチュアルな繋がり）を理解している。

目　標	学びの成果	学びと発達のエビデンス
子どもたちが生活する環境では，	子どもたちは導きと励ましに支えられ，時を経て以下の能力が育まれていく。	子どもたちが以下のようなエビデンスを示した場合，学びの成果に向けたプロセスが進んでいるとみなされる。
健康が増進される。	自分の健康を維持し，自分の身の回りのことをする。te oranga nui	・自分の身体とその機能，健康維持に関する理解 ・自分や周りの人々に関わるタプ（聖なるもの，際立ったもの，禁止されているもの）の尊重
心の健康が育てられる。	自分を管理し，自分の気持ちやニーズを表現する。te whakahua whakaaro	・調理，ヘルシーな食べ物や飲み物，衛生，トイレ，休息，睡眠，シャワー，着替えなどの自立やセルフケアのスキルに対する自信，自立，ポジティブな態度
子どもが危害から守られる。	自分や他者を危険から守る。te noho haumaru	・ハウオラ（健康）と健康的なライフスタイルに関する認識 ・自分の価値や文化的アイデンティティ，選択能力，注意力，集中力の維持，関わりを持つ力などに関する感覚 ・感情的なニーズを表現し，対応を求め，自分のニーズが満たしてもらえることを信じる能力 ・課題に直面した時の自制力とレジリエンス ・ある程度の変化，サプライズ，不確実性，不思議などに堪え，楽しむ能力 ・危害から自分の身を守ることに関する知識と，リスクをとる能力 ・自分や周りの人のウェルビーイングに対する責任感 ・周りの人や環境に危害を加えないことに関するチカンガ（マオリの人々の物事のやり方。慣行，習慣，儀式を含む）やルールの尊重と，ルールが存在する理由の理解

（1）学びの成果を推進する実践例

　カイアコ（保育者）はマオリの信念を尊重し，文化的プロトコールに従って日々の保育を実践している。例えば，タプ（聖なるもの）とノア（普通のもの）の概念を守るために，個人の汚れた物はキッチンや洗濯室には置かない。

　カイアコ（保育者）はテ・レオ・マオリ（マオリ語），チカンガ・マオリ（マオリの人々の物事のやり方。慣行，習慣，儀式を含む），マオリの世界観などについて独自の知識を身につけることにより，子どもたちが自分のマナ・アトゥアタンガ（唯一性とスピリチュアルな繋がり）を理解できるよう支える。

　カイアコ（保育者）はトゥアカナ・テイナ（年上の子どもが年下の子どもの学びをサポートする兄弟姉妹のような関係）を推進し，モコプナ（子ども）がマナーキ（尊敬，思いやり）を示し，他者のために責任を持つ機会を得られるようにする。カイアコ（保育者）は，モコプナ（子ども）がこのような関係に対応できると信じ，援助が必要な場合はモコプナ（子ども）が援助を求めると信じて見守る。

１）乳児（監訳者追記：出生から１歳半まで）

・カイアコ（保育者）は，表情やジェスチャーでニーズを伝える子ども一人ひとりの能力を信じ，苦痛，空腹，疲れなどのしぐさに敏感に応答する。

・授乳，睡眠，おむつ替えについては，乳児の育ちのペースに合わせて，ゆったりと落ち着いた保育を実践する。

・乳児は，予測可能で安心できる環境において，信頼し合える愛着関係*を構築できるよう援助される。

・カイアコ（保育者）は物理的環境に注意を払う。穏やかで安全かつ衛生的な環境において豊かな知覚の機会を設け，乳児の探究を奨励し，丁寧に見守る。

・カイアコ（保育者）は，乳児が独自で学べる時間と空間を提供し，不要な介入はせず，乳児が自分の限界を自分で発見できるようエンパワメントを与える。

・カイアコ（保育者）は，喉に異物がつまる，日差し，虫，子どもたちの動きなど環境における危険要素について精通している。

２）トドラー（監訳者追記：１歳から３歳まで）

・睡眠，食事，トイレ・ラーニングなどの習慣は，柔軟で穏やかな，馴染みある，肯定的なかたちで行われる。トドラーにはあらゆる種類のヘルシーな食事の選択肢が与えられる。手洗いや食事については自分でできるようにすることが奨励される。

・援助と励ましがある環境に，トドラーが自立する機会がある。トドラーによるコミュニケーションや自立化に応答し，援助する。

・トドラーは，カイアコ（保育者）のサポートを得ながら，屋内外でさまざまな選択やリスク・テーキングをし，あらゆる種類の遊びに関わる機会が提供される。

・カイアコ（保育者）は，トドラーが気持ちを表現し，他の子どもたちとの衝突を解決できるよう援助する。

・園の環境はトドラーにとってチャレンジもあるが，危険はない。カイアコ（保育者）は危険の可能性に注意を払いつつ，高さ，速度，力を試すこと，本物の道具を使うことなど，健全なリスク・テーキングを含む遊びを援助する。

・トドラーは，自立度を高めるための選択や機会を提供される。これにより，自分や自分の行動に責任を持つことがサポートされ，奨励される。

３）幼児（監訳者追記：２歳半から小学校入学まで）

・休憩や昼寝のために居心地のよい，静かな空間と機会が提供されるが，昼寝の時間についてはある程度柔軟性がある。

・幼児には自立，選択，自律の機会があり，セルフケアのスキルを学ぶ。

・飲食，排泄，休息，手洗い，着替えの際には，学びの途上にあるセルフヘルプやセルフケア

---

*〔監訳者注〕　**愛着関係**：愛着（アタッチメント）は，イギリスの精神医学者のジョン・ボウルビィ（John Bowlby）が提唱した概念である。彼は，子どもは生後間もなく特定の人物との間に深い心の絆である愛着を形成し，それをベースに対人関係を広げるとの仮説を提唱した。

のスキルを練習する時間が十分与えられる。

・子どもたちの補助においては，恥ずかしさや屈辱感を生むことを避け，自立や能力をサポートするかたちで行う。

・幼児は待つことができるようになりつつあるが，空腹，痛み，疲れなどの兆候にはすぐに応答してもらえるという安心感を持っている。

・子どもたちはさまざまな感情を表現し，説明し，解決できるよう援助される。

・学びのプログラムは，刺激豊かで予測可能な出来事や体験と，ある程度の驚きと不確実性がある出来事と体験を両立している。

・適切な振る舞いや，自分や周りの人を危険から守る方法を理解できるよう，カイアコ（保育者）は幼児を援助する。

・カイアコ（保育者）は，幼児が挑戦，多少のリスクを伴うこと，新しい試みなどに対応できるよう援助する。

・幼児は，エネルギッシュな運動に参加する機会がある。

（2）リーダーシップ，組織，実践に関わる考察

　子どもたちの健康とウェルビーイングを大切にし，推進するカルチャーがつくられている。カイアコ（保育者）は，ハウオラ（マオリの健康の理念）や健康的な食事と活動に対するポジティブな姿勢のモデルとなる。

　方針，手順，実践によって，子どもたちの健康と安全が担保されるとともに，危険や虐待の兆候が速やかに認識される環境で，子どもたちが安心感を持てるようにする。危害や虐待の疑いがある場合は，支援機関や家族とともに対応する。

　日課は一人ひとりの状況やニーズに対応する一方，頻繁な屋外での体験，定期的な休憩時間，グループや一対一のあらゆる交流，大人との一対一の関わりなどを毎日取り入れる。

　カイアコ（保育者）は，子どもたちが一人もしくは少人数で静かに遊べる守られた空間を，屋内と屋外の両方で必ず提供する。

　子どもの保育に関わるすべての人とファーナウ（子育て応援隊）が頻繁にコミュニケーションをとることにより，子どもたちの変化するニーズや行動に対して一貫した妥当な対応が可能となり，栄養や予防接種などの健康に関わる情報共有も担保される。

　カイアコ（保育者）は，子どもたちの発達の進み具合や差異を理解し，食事，排泄，着替えなどの自立度を徐々に伸ばす時間を与える。

　カイアコ（保育者）が子どもの発達や健康について懸念がある場合は，保護者やファーナウ（子育て応援隊），当該機関などと協力し，適切な早期介入，医学的なアドバイス，治療などを受ける。

　カイアコ（保育者）は，子どもが癒やしを必要としていることを予見し，穏やかで優しく，温かくて心が通じる意思疎通を促すような環境において，ポジティブな気持ちを伝える。カイアコ（保育者）はすべての学び手を意識しながら，社交的，知覚的，物理的環境を計画する。

　カイアコ（保育者）は，子どもたちと信頼関係を築き，子どもの権利を尊重する。そのため

に，子どもの感情や個性を認め，さまざまな手順を説明し，子どもの恐れや懸念を真剣に受け止め，思いやりある応答をする。

　カイアコ（保育者）は，子どもの全人的な発達におけるスピリチュアリティの重要性を認識している。

　カイアコ（保育者）は，子どもたちと同様，自分たちも心の支えやある程度柔軟な日課，心地よい環境で自分たちの体験を共有し，話し合う機会などが必要であることを認識している。

●振り返りのための質問

　カイアコ（保育者）が振り返りを行うために，以下の質問もしくは独自の質問を使うことを奨励する。

- ・カイアコ（保育者）は，子どものウェルビーイング（マナ・アトゥア）をどのように理解したらよいか。
- ・授乳や食事，排泄，おむつ替えなどを子どもたちにとって馴染みあるかたちで実践するには，どのような対処方法があるか。
- ・子ども一人ひとりの栄養面のニーズや好みに対応するには，どのような方法があるか。
- ・子どもがセルフヘルプやセルフケアのスキルを身につけるために，十分な機会が与えられているか。機会はどのようなかたちで与えられているか。
- ・子どもたちが感情を表現し，感情に対応する際，カイアコ（保育者）はどのようなかたちで子どもたちを尊重しつつサポートしているか。
- ・カイアコ（保育者）は，子どもたちの学びをサポートする応答的で柔軟な日課をどのように実現しているか。
- ・子どもたちが自分や周りの人々のウェルビーイングを理解し，擁護できるようにするには，どのように子どもたちをサポートすればよいか。
- ・子どもたちの健康とウェルビーイングを増進する際に考慮する，または考慮するべき文化的配慮には，どのようなものがあるか。
- ・子どもたちによる信頼醸成は，どのように奨励されているか。
- ・カイアコ（保育者）は，どのように子どもたちの自己効力感や自尊心を強化しうるか。
- ・子どもたちが自分で選択し，自立度を高めていく本物の機会を，カリキュラムではどのように提供しているか。
- ・子どもたちが自分や周りの人々のウェルビーイングに対する責任感を高めるために，カイアコ（保育者）はどうすればよいか。

3. 要素2：帰属感〈マナ・フェヌア〉

子どもと家族は帰属感を感じている。

Ko te whakatipuranga tēnei o te mana ki te whenua, te mana tūrangawaewae, me te mana toi whenua o te tangata.

　乳幼児教育の場は安全で安心できる所であり，一人ひとりの子どもが尊重され，ダイバーシティーが大切にされる。ありのままの自分が受け入れられ，自分の力を発揮できることを，すべての子どもが確信できることが大切である。帰属感は，ウェルビーイングに貢献し，新しい経験を試す自信を与えてくれる。子どもたちは，意味と目的が示され，利用しやすく，インクルーシブなカリキュラムで学ぶ。

　入園時や転園時の流れは思慮深く計画され，子どもたちがすでに蓄積してきたことが認識される。子どもたちは，乳幼児教育の場が，彼らの広い世界の一部であり，保護者やファーナウ（子育て応援隊）も含まれることを理解する必要がある。子どもたちは，自分の文化やことば，世界観などが，乳幼児教育の場で大切にされていることを頻繁に感じることができると，環境に馴染みやすい。ファーナウ（子育て応援隊）も歓迎されていると感じ，日々のカリキュラムやカリキュラムに関する意思決定に参加できると思えることが大切である。

　マオリの世界観や自然環境に関する考え方や，子どもたちには，フェヌア（土地），アトゥア・マオリ（マオリの神様），チープナ（祖先）と時を経た繋がりがあるという視点が尊重される。

　パシフィカ（ニュージーランドに住む南太平洋地域出身の人々とその子孫）の子どもたちのアイデンティティ・ことば・文化は，人，場所，時，モノの相互の繋がりを認識することによって強化される。

　帰属感は，カイアコ（保育者）や周りの子どもたちとの社会的交流や，子ども一人ひとりの家族やコミュニティーが積み上げてきたことや，彼らの望みが尊重されることを通じて育まれる。

帰属感：子どもは帰属するところがあることを知っており，自分が他者や環境と繋がっているという感覚を持っている。

マナ・フェヌア：子どもたちとパパトゥーアーヌク（地球，母なる大地）の関係は，ファカパパ（家系），尊敬，アロハ（愛，思いやり，共感，親愛）が基盤となっている。

目　標	学びの成果	学びと発達のエビデンス
子どもたちと家族が生活する環境では，	子どもたちは導きと励ましに支えられ，時を経て以下の能力が育まれていく。	子どもたちが以下のようなエビデンスを示した場合，学びの成果に向けたプロセスが進んでいるとみなされる。
家族と家族以の世界との繋がりが肯定され，拡大される。	自分の世界の人，場所，モノを関連づけることができる。te waihanga hononga	・乳幼児教育の場で学んだことと家庭や親しみある文化のコミュニティーでの体験を連携づける能力と自分がグローバル市民であるという意識。 ・自分が知らない，広い世界について学ぶことに対する関心と喜び。 ・乳幼児教育の場における帰属感と帰属する権利があるという気持ち。 ・山や川などの地元地域の特徴に関する知識（スピリチュアルな意味も含まれうる）。 ・プログラムを実施する，さまざまな役割を果たす，自分の行動に責任を持つなど，積極的に役割を果たす能力。 ・掃除，修理，ガーデニングなど，環境を大切にするスキル。 ・セルフケアのスキルを用いて周りの友だちをサポートしたり，大人の手伝いをする能力。 ・日課，習慣，定期的な行事などを予期する能力と，容認可能で高く評価される行動や態度の認識。 ・周りの友だちや大人に対する振る舞いや応答の予見性と一貫性。 ・容認可能な行動や態度に関するルールの理由の理解。 ・乳幼児教育の場におけるカウパパ（マオリのアプローチ）や，すべての子どもに対してフェアであるべきことに対する理解。
自分の居場所があると確信できる。	自分たちが生活する場所を大切にし，その手入れなどに参加する。te manaaki i te taiao	
日課，習慣，定期的な行事などについて親しんでいる。	園における物事の進め方を理解し，変化に適応する。te mārama ki te āhua o ngā whakahaere me te mōhio ki te panoni	
容認可能な行動の限度や限界を理解できる。	カウパパ（マオリのことば，習慣，知識，道理，イデオロギーなど），ルール，他者の権利に敬意を示す。te mahi whakaute	

（1）学びの成果を推進する実践例

　カイアコ（保育者）は，タンガタ・フェヌア（土地の人，土地や海を含む地域について慣習的な権限を持つ人）の概念や，マオリの人々の相互関係や土地との関係について精通している。カイアコ（保育者）にとっては，これがファーナウ（子育て応援隊），ハプー（部族），イウィ（親族）との関係に関わる指針となる。カイアコ（保育者）はモコプナ（子どもたち）のアイデンティティや帰属感を高めるために，適切な歴史，コーレロ（物語）やワイアタ（歌）をモコプナ（子どもたち）と共有する。

　カイアコ（保育者）は，モコプナ（子どもたち）がパパトゥーアーヌク（地球，母なる大地）に尊敬の念とアロハ（愛と思いやり）を持って関われるよう援助する。カイアコ（保育者）は，川や天然林，鳥などを大切にすることを通じて，カイチアキタンガ（環境の管理）や環境のカイチアキ（管理者）であることの責任を子どもたちが理解できるよう奨励する。

1) 乳児 （監訳者追記：出生から1歳半まで）

・乳児が家庭で慣れ親しんでいることば, キーワード, 象徴や記号, 日課などが, 乳幼児教育の場においても使われる。乳幼児教育の場はことば豊かで, 馴染みあるリズム, 歌, 詠唱, 体験が含まれる環境である。

・秩序はあるものの柔軟なパターンが日々用意されている。屋外で過ごす時間や園外の人や場所に接する遠足などもある。

・乳児一人ひとりについて, 慣れ親しんだ昼寝のスペースや食事のエリアがある。乳児が好きなものは手が届くところにある。

・乳児に馴染みがある, ゆったりとしたカイアコ （保育者） が各乳児の主な担当者となるので, 乳児は誰が園に迎え入れてくれて, 世話をしてくれるか予期できるようになる。保育のタイミングやペースは乳児が導く。

・カリキュラムには十分な柔軟性があるので, 乳児が特定の人や世話の仕方を必要とし, 好む場合は, 乳児のニーズや好みを満たすことができる。

・乳児が安心できるよう, 馴染みあることを強調する一方, 新しい要素も配慮しつつカリキュラムに導入していく。

2) トドラー （監訳者追記：1歳から3歳まで）

・トドラーと特定の人, 場所, モノの関係をカイアコ （保育者） は認識し, 尊重する。家族や出来事についてカイアコ （保育者） と会話することは, プログラムの自然な要素であり, 特別なモノを家から持ってきた場合は, 園で受け入れ, 大切に扱う。

・カリキュラムでは, あらゆる玩具, 本, 絵, 出来事などを用いて, より広い世界の経験がトドラーに提供される。トドラーの好きなゲーム, 本, 玩具, 行事を見つけ, プログラムに組み込む。

・カリキュラムでは, トドラーがさまざまな関係を構築する機会が与えられる。カイアコ （保育者） は, いつ, どのように介入するかについては慎重に判断する。

・ゆったりとして, 楽しく, 予測可能な保育の実践を確立することで, トドラー一人ひとりのアイデンティティと自己認識, 発達しつつある自己調整を援助する。

・一貫性があり, 対応可能な期待や限度を設定する。カイアコ （保育者） は, トドラーが選択や判断をする場合, または対立やフラストレーションに対応する際に, 気持ちをコントロールできるようサポートする。

3) 幼児 （監訳者追記：2歳半から小学校入学まで）

・物語, 訪問者, 遠足などを通じて, コミュニティーの重要な場所について知ることにより, 広い世界について学ぶ機会が子どもたちに提供される。

・遠足などの通常とは異なるイベントがある場合, カイアコ （保育者） は子どもたちとそのイベントについて事前に話をし, 子どもたちがそれを楽しみにし, 安心してイベントに参加できるようにする。

・子どもたちが家庭について話をし, 特別な出来事について周りの子どもたちや大人に伝える時間が設けられている。

・子どもたちが，プログラムに関わる意思決定に貢献することが奨励されている。

・子どもたちは，食物を育て，調理することを奨励されている。

・子どもたちは，修理や掃除，ガーデニングなど，環境やその中に存在する人々を大切にする機会に取り組むよう奨励される。物を整理し，正しい場所にしまうなどの手伝いもする。

・プログラムには，好きなアクティビティの時間や，スキルや関心があることを育てるための時間，比較的長期のプロジェクトを完成させる時間などが組み込まれている。

・カイアコ（保育者）は，子どもたちがそれぞれ違う方法で物事を行うことを，自我の発達の一部として受け入れる。子どもたちは自分の気持ちについて話し合い，権利，公平性，期待，正義などについて交渉する機会が与えられる。

・学びに対するポジティブな行動を促す戦略を用い，容認不能な行動を防止する一方，新しい行動，ソーシャル・スキル，コンピテンシーなどを学ぶことを援助する。

（２）リーダーシップ，組織，実践に関わる考察

　すべての子どもとその家族が受け入れられ，ダイバーシティーが大切にされ，歓迎される。彼らの参加と学びが積極的に援助される。

　入園時もしくは園内で新しい環境に移る際，子ども，保護者，ファーナウ（子育て応援隊）がスムーズな接続ができるよう，方針や慣例が導入されている。

　保護者やファーナウ（子育て応援隊）は歓迎され，安心感を持って，自分たちや子どもたちにとって有意味なかたちでプログラムに関与している。昼ご飯を一緒に食べる，遠足に行く，バーベキューをするなどの場面では，乳幼児教育の場でファーナウ（子育て応援隊）同士が知り合うこともできる。

　家族構成や文化のダイバーシティーが尊重されており，これをカリキュラムにも反映させるために，カイアコ（保育者）は，子どもたちの家族について知識を持っている。

　イウィ（親族）やハプー（部族）とも適切なつながりを確立する。カイアコ（保育者）はチカンガ・マオリ（マオリの人々の物事のやり方。慣行，習慣，儀式など）やテ・レオ・マオリ（マオリ語）の使用を支持している。

　カイアコ（保育者）は，子どもたちが広い自然環境や，自然界から集めてきた素材などと接触する機会を定期的に設けることで，カイチアキタンガ（環境の管理）の意識を推進する。

　子どもたちの社会的・文化的な繋がりに対する認識と尊重は，園内で日常的に表現している。

　子ども，ファーナウ（子育て応援隊）とコミュニティーの相互依存関係は認識され，支持されている。

　カリキュラムは子どもとその家族が，コミュニティーの積極的な参加者となることをサポートしている。

　園内に自分の持ち物を置くスペースがあることで，子どもたちは園の環境に対する一体感を感じることができる。その子自身の写真，家族の名前，アートワーク，祝い事などは，帰属感を確立するうえで重要である。

　歓迎やさようならの挨拶など，子どもたちが予想でき，馴染みある，ゆったりと流れる決ま

った日課や保育は，子どもにも大人にも安心感を与え，ストレスを最小限に抑えるものである。

　カイアコ（保育者）は，子どもたちの学びに関する保護者やファーナウ（子育て応援隊）の意見を時間をかけて真剣に聞き，彼らとともに意思決定を行う。

　学びにおいて追加のサポートが必要な子どもについては，利用できるサービスに関する情報をカイアコ（保育者）が保護者やファーナウ（子育て応援隊）に提供する。

　カイアコ（保育者）とファーナウ（子育て応援隊）は，適切な行動に関する期待について合意形成する。

　カイアコ（保育者）の期待や反応には，一貫性，信頼性，実現性があり，カイアコ（保育者）同士または保護者やファーナウ（子育て応援隊）との協調的な協力関係を育んでいる。

●振り返りのための質問

　カイアコ（保育者）が振り返りを行うために，以下の質問もしくは独自の質問を使うことを奨励する。

- ・カイアコ（保育者）はどのようにして，すべての家族のことばや文化について学ぶのか。それは乳幼児教育の場においてどのように肯定されているのか。
- ・カイアコ（保育者）はどのようにして，あらゆる年齢や文化の子どもたちの帰属感を育むのか。
- ・乳幼児教育の場におけるどのような特徴が，子どもやファーナウ（子育て応援隊）の園に対する帰属感を育むのか。
- ・子どもたちがパパトゥーアーヌク（地球，母なる大地）と自分を繋げ，その繋がりを尊重し，大切にするために，カイアコ（保育者）はどのような機会を提供すればよいか。
- ・子どもやその家族が地元地域についてより多くを学べるようにするために，カイアコ（保育者）はどのような援助をすればよいか。
- ・子どもたちが彼らの世界の人々，場所，モノとの関係を深めるために，カイアコ（保育者）はどのような手段をとりうるか。
- ・子どもが生活する場所に気を配る，もしくは子どもがカイチアキ（管理者）になるために，カイアコ（保育者）はどのようなサポートをすればよいか。
- ・子どもたちやその家族が，園の日課，習慣，行事などの体験についてどのように感じているかを知るために，カイアコ（保育者）は何をしたらよいか。
- ・子どもによる自分自身や周りの人々に対するリスペクトは，対人関係におけるどのような相互行為で育てられるか。
- ・事前に定められた範囲内で子どもの行動をサポートするために，カイアコ（保育者）はどのようなかたちで環境や教育理論を適合できるか。
- ・子どもが変化に適応できるようにするために，カイアコ（保育者）はどのように援助すればよいか。

4. 要素3：貢献〈マナ・タンガタ〉

学びの機会は公平であり，一人ひとりの子どもの貢献が大切にされる。
Ko te whakatipuranga tēnei o te kiritau tangata i roto i te mokopuna kia tū māia ai ia ki te manaaki, ki te tuku whakaaro ki te ao.

　子どもは与えられた機会に積極的に参加することで発達する。このような機会には，通常大人や他の子どもたちとの協働が含まれる。

　各園で紡がれるファーリキ（紡ぎ合わされた敷物）*では，子ども一人ひとりの長所が認められ，それがファーリキの基盤となっており，子ども自身によるその子特有の貢献を可能とするものである。すべての子どもが，学びのコミュニティーに積極的に参加する公平な機会を得る権利がある。

　学びのコミュニティーに貢献するために，子どもはカイアコ（保育者）や他の子どもたちと応答的かつ互恵的な関係を築く必要がある。子どもが仲間と関係を築き，維持するにあたり，カイアコ（保育者）は子どもを支える重要な役割を果たす。他者との交流を通じて，子どもは，他者の視点を受け止めること，共感すること，助けを求めること，自分が他者の助けになれること，自分のアイデアについて話し，説明することを学ぶ。子どもによる園外のコミュニティーへの貢献は，対面の参加によることもあれば，デジタル，その他のテクノロジーを利用するバーチャルな参加によることもある。

　カイアコ（保育者）はマナ（魂・畏敬）とファカパパ（血筋，家系）の概念や，関係の構築と維持におけるこれら概念の重要性を認識している。また，ファーナウ（子育て応援隊）固有の協働プロセスについても理解している。

　共通の利益のために協力することで，パシフィカ（ニュージーランドに住む南太平洋地域出身の人々とその子孫）やその他多くの文化で大切にされる分かち合いの精神，一体感，互恵関係などが生まれる。

　この要素（ストランド）の基盤となるのは，子どもが自分の長所や関心を，自分が置かれた環境において寄与する能力である。

貢献：子どもたちは周りの友だちや大人たちと連携，協働しながら学ぶ。

マナ・タンガタ：子どもたちは，自分たちが過去，現在，未来を繋ぐ要であるとの強い自己意識を持っている。

*〔監訳者注〕　この場合のファーリキは，各園で4つの原理と5つの要素を紡ぎ合わせ，それぞれの保育・教育の場に即したカリキュラムを意味するメタファー。

目　標	学びの成果	学びと発育のエビデンス
子どもたちが生活する環境では，	子どもたちは導きと励ましに支えられ，時を経て以下の能力が育まれていく。	子どもたちが以下のようなエビデンスを示した場合に，学びの成果に向けたプロセスが進んでいるとみなされる。
ジェンダー，能力，年齢，民族，生い立ちにかかわらず，公平な学びの機会がある。	周りの友だちや大人と公平に接し，遊びの仲間に入れる。 te ngākau makuru	・他者の尊重。自分とは異なる視点を認識し，受け入れる能力。あらゆるジェンダーや能力，民族グループの子どもを受け入れ，自然に交流する。 ・乳幼児教育の場において，自分の家族のバックグラウンドがポジティブにとらえられているという確信。 ・自分や他者に対する偏見や差別的行為に立ち向かう自信。 ・新たな関心や能力を得ることができる学び手としてのポジティブなアイデンティティと現実的な自己認識。
一個人として認められる。	自分の学ぶ能力を認識し，大切に思う。 te rangatiratanga	・新たな技能を学び，作業理論（活用できる理論）を構築，洗練する際に用いる戦略の認識。 ・記憶，他者の視点やメタ認知，その他の認知戦略を用いて考える能力と，過去，現在，未来を連携づける能力。 ・自分の秀でた長所の認識と，長所が認められ，高く評価されているという自信。 ・他者との関わりにおけるソーシャルスキルと公平性について責任を持つ能力。
子どもたちは，周りの友だちや大人と連携，協働しながら学ぶことを奨励される。	さまざまな戦略やスキルを用いて，周りの友だちや大人とともに遊び，学ぶ。 te ngākau aroha	・他者との関係を築き，維持し，楽しむための対話術などを含む戦略と技能。 ・穏やかに問題を解決する戦略と文化的価値観や期待感の認識。 ・グループ全体のニーズやウェルビーイングに対する責任感と尊重。これには，グループによる決定について責任を持つことも含まれる。 ・グループやグループのウェルビーイングに貢献できる方法の認識。これにはデジタル媒体を使う手段も含まれる。

（1）学びの成果を推進する実践例

　「ランギアーテア（神々の祖国）で蒔かれた種は永遠に失われることはない」というマオリのことわざに示唆されるとおり，モコプナ（子どもたち）は時間と空間を超えて繋がっており，過去，現在，未来を結び付けていることを，カイアコ（保育者）は認識している。カイアコ（保育者）は，モコプナ（子どもたち）がこの結び付きを維持できるよう，適切なコーレロ（会話や物語）や ワイアタ（歌）を称賛し，共有する。

　カイアコ（保育者）は，尊重と互恵性を基盤とする関係を築き，維持することにより，モコプナ（子どもたち）が誇りを持ってしっかりと自分の立場を貫くことをサポートする。

1）乳児（監訳者追記：出生から1歳半まで）

・子どもによって発達の進み方は異なることをカイアコ（保育者）は認識し，子どもの発達を

不要に比較することは避ける。

・カイアコ（保育者）は保護者やファーナウ（子育て応援隊）と連絡をとり，文化的に適切な保育の実践を担保する。

・乳児を慎重に観察することで，カイアコ（保育者）は一人ひとりの乳児をよく知り，彼らの権利を尊重する。微笑み，泣き声，発声ならびに喜びや不快感，恐れや怒りのしぐさなどのコミュニケーションのヒントやジェスチャーに応える。

・カイアコ（保育者）は，睡眠や授乳などの保育の実践において，一人ひとりの乳児の好みを尊重する。

・カイアコ（保育者）は，乳児自身や他の子どもたちが何をしているかを乳児に語りかけ，乳児が他の子どもたちに関心を示し，彼らと関わることを奨励する。行事には，乳児も参加する。

・カイアコ（保育者）は，さまざまなジェンダーや民族の人々があらゆる役柄で描写されている絵本，ゲーム，玩具を乳児のために選ぶ。

・感覚や心と身体を刺激するさまざまな遊びの体験を提供するよう，注意を払う。

・特有の音楽を聴く，色に反応する，一定のリズムを楽しむなど，特定の体験における乳児の喜びを増やすことを，カイアコ（保育者）はサポートする。

２）トドラー（監訳者追記：1歳から3歳まで）

・カイアコ（保育者）は，すべてのトドラーがいろいろな世話や手伝いなどに携わることを奨励し，トドラーによるジェンダーやダイバーシティーの探究を受け入れる。

・カイアコ（保育者）は，トドラーが活発で冒険心に富んだ行動をする一方，時には一人で離れた場所から周りを観察するニーズもあることを予期し，尊重する。

・発達，ことばを使う力，技能の熟達などは，トドラー一人ひとり異なるという事実を考慮に入れたうえで，アクティビティ，玩具，期待することを考える。プログラムは個々のトドラーの好奇心や好きなことを基盤に構築する。

・歌，ことば，絵，玩具，ダンスなどを通じ，子ども一人ひとりの文化がプログラムに組み込まれる。カイアコ（保育者）は，人，場所，モノなどの違いについて，トドラーと話をする。

・適切な状況において，トドラーは独自のやり方で物事を実行することが奨励され，子どもたちの遊びの好みが尊重される。カイアコ（保育者）は，トドラーが新しい知識やスキルを学ぶことを援助する。

・トドラーが一人遊びと協同遊びのどちらを好んでも，プログラムで対応可能である。少人数向けのアクティビティの機会も多数設けられ，トドラーはそのようなアクティビティに貢献することを奨励されるが，強制はされない。

・カイアコ（保育者）は，トドラーの対立や仲間との関係に介入するタイミングを慎重に判断しつつ，トドラーが社会的交流のきっかけをつくろうとする場面を支え，トドラーが自ら人間関係能力を身につけられるようにする。

・カイアコ（保育者）は，トドラーの協力，共有，順番待ち，サポートを待つなどの能力について，適切な期待感を持っている。

3）幼児（監訳者追記：2歳半から小学校入学まで）

・すべての学びの体験にアクセスする権利がすべての子どもにある。

・子ども一人ひとりのジェンダー，能力，民族，生い立ちを包摂することばやリソースを使う。子どもたちは先入観について話し合い，偏見や差別的な姿勢に挑戦する機会が与えられる。

・カイアコ（保育者）は，忍耐力とコミットメントが必要な長期のプロジェクトを実施することにより，子どもたちが独自の関心や興味を育てられるよう奨励する。

・プログラムでは，音楽，運動，ことば，創作，芸術表現，整理整頓，他の子どもとの協力など，子どもたちが長所，関心，能力などを育てられるアクティビティが提供される。

・カイアコ（保育者）は，子どもたちのアイデアや質問に耳を傾け，子どもたちが自分自身に対してポジティブな気持ちを持てるよう奨励する。

・子どもたちの複雑化する社会問題の解決能力は，ゲームや活発な遊び，創作遊び，協同遊びなどを通じて奨励される。

・遊び，対話，物語などのさまざまな文脈において人の考え方や気持ちを理解できるよう，子どもたちを援助する。子どもたちは，モラルや倫理的な課題について話す機会を与えられる。

・読書や実話を通じて，子どもの共感能力の発達を促す。

・ルールや社会戦略に関する子どもの能力や理解の発達は，分かち合いや順番待ちなどの日常的な行動を通じて育む。

（2）リーダーシップ，組織，実践に関わる考察

　子どもたちは，保護者やファーナウ（子育て応援隊）が園で歓迎され，乳幼児教育の場に貢献している場面を目にする。

　社会的にも個人的にも適切な行動は支持され，奨励される。カイアコ（保育者）は子どもたちの社会的参加を促進するために，積極的な戦略を用いる。

　カリキュラムについて重要な判断が下される場合には，乳幼児教育の場におけるすべての関係者が関わり，すべての子どもが包摂されるよう配慮する。

　同じリソースや空間が同じ時間帯に必要とならないよう，環境とカリキュラムは構成されている。

　カイアコ（保育者）は，子どもたちに対する公平な機会を促進しており，人をカテゴリーやステレオタイプに当てはめたり，除外したりするような行動やコメントには反論する。

　カイアコ（保育者）は，子どもとの関わり，モデリング，敬意ある実践を通じて共感を育てる。

　カイアコ（保育者）は子どもたちを，個人として観察し，大切にする。子どもの関心，熱中していること，好み，気質，能力が，日々の計画の出発点となり，すべての子どもが自分の能力のベストを尽くして参加できるようにする。必要に応じて子どもたちのために足場かけ*も提供する。

　コミュニティーにおいては，協力，スキンシップ，会話，食べ物の分かち合い，泣くこと，気の毒に思うことなどの価値観や行動についてさまざまな考え方がある。カイアコ（保育者）

は異なる考え方に建設的に関わる。

　子どもたちが乳幼児教育の場やコミュニティーに上手に参加できるようにするために，子どもたちの家庭における文化的価値観，ことば，習慣，伝統が肯定される。

　プログラムはさまざまな文化的視点を網羅し，子どもたちの家族や文化の第一義的な重要性を認識し，肯定する。

　コミュニティー，小グループ，個人の体験などのバランスをとることによって，子どもとの関わり，協力，プライバシーの機会提供が可能となる。

●振り返りのための質問

　カイアコ（保育者）が振り返りを行うために，以下の質問もしくは独自の質問を使うことを奨励する。

・すべての子どもが他者とともに協力して学ぶことができるよう，社会性のある戦略を身につけるには，カイアコ（保育者）はどのようなサポートをすればよいか。
・すべての子どもが遊びや学びの機会に公正で公平なアクセスを得，参加できているか。
・乳幼児教育の場において，すべての子どもの遊び，学び，参加を極大化できるような環境設定は，どの程度効果的に整えられているか。
・カリキュラムに関する意思決定に子どもたちが貢献できるようにするために，カイアコ（保育者）はどのようなサポートをしているか。
・子どもが仲間外れになった場合，カイアコ（保育者）はどのような行動をとるか。その行動はどのような効果があるか。
・保護者やファーナウ（子育て応援隊）はどのようなかたちでカリキュラムの提供に貢献できるか。
・マオリの世界観の中におけるモコプナ（子どもたち）をよりよく理解し，サポートするために，カイアコ（保育者）はどのような手段をとればよいか。
・カイアコ（保育者）はどのような方法で，すべての子どものアイデンティティ，ことば，文化を認識し，大切にしているか。
・カリキュラムはどの程度効果的に，すべての子どもの関心，力，能力や好みに対応し，ポジティブな学び手のアイデンティティの構築を支えているか。
・ネガティブもしくは型通りのことばや姿勢に，カイアコ（保育者）はどのように対抗しているか。
・子どもたちが他者の視点を理解し，対立を解決することを，カイアコ（保育者）はどのよ

---

*〔監訳者注〕　**足場かけ（scaffolding）**：大人が子どもにさまざまな援助（指示や質問，手助けなど）を与えることを指している。子どもが自力では達成できないことも大人の援助によって達成できるようになる。ヴィゴツキー（Vygotsky, L.S）の発達の最近接領域（ZPD）に援助を与えると子どもは課題を解決できるようになり，最終的には大人の援助なしにできるようになる。ブルーナー（Bruner, J.S.）は子どもの発達の最近接領域に与える援助を「足場かけ」と命名した。

うにサポートすればよいか。

・子どもたちが思考や学びに関する戦略を認識し，説明できるようにするために，カイアコ（保育者）はどのように子どもたちをサポートしているか。

---

5. 要素4：コミュニケーション〈マナ・レオ〉

子どもたち自身の文化およびその他の文化のことばや象徴的表現は推進され，守られる。

Ko te whakatipuranga tēnei o te reo. Mā roto i tēnei ka tipu te mana tangata me te oranga nui.

人間はことばを手段として，考え，意思疎通し合う。通常ことばは，単語，文章，物語によって構成されると考えがちだが，手話，数字，視覚的なイメージ，美術，ダンス，演劇，リズム，音楽，動作もことばである。

ことばに関する能力と理解の発達は，幼少期の子どもにとって最も重要な文化的課題の一つである。この時期に子どもたちは，さまざまなかたちで自分の体験について伝えることを学ぶと同時に，他者による体験の伝え方や説明の仕方を解釈することも学んでいる。子どもたちは，共生的，抽象的，想像的，創造的な思考能力を高めているのである。

子どもたちにとって知りたいことや伝えたいことがある有意義な環境において，ことばは発達する。カイアコ（保育者）は，一人ひとりの子どもが使っている言語コミュニケーションと非言語コミュニケーション両方のアプローチを奨励するべきである。

すべての乳幼児教育の場において，テ・レオ・マオリ（マオリ語）が大切にされ，使われることは重要である。その手段として，マオリ語を正しく発音することやマオリの物語の再話，シンボル，アート，手工芸などの活用があげられる。

伝統的な物語，アート，伝説，ユーモア，ことわざ，隠喩などを使うことによって，一部のコミュニティーの子どもたちは，馴染みがある環境と馴染みが薄い環境の間の舵取りができるようになる。

コミュニケーション：子どもたちは有能かつ効果的なコミュニケーションの担い手である。

マナ・レオ：テ・レオ・マオリ（マオリ語）を介して，子どもたちのアイデンティティ，帰属感，ウェルビーイングが向上する。

目　標	学びの成果	学びと発達のエビデンス
子どもたちが生活する環境では，	子どもたちは導きと励ましに支えられ，時を経て以下の能力が育まれていく。	子どもたちが以下のようなエビデンスを示した場合に，学びの成果に向けたプロセスが進んでいるとみなされる。
さまざまな目的のための非言語コミュニケーション・スキルが発達する。	ジェスチャーや動作で自分を表現する。he kōrero ā-tinana	・気持ちや感情をあらゆる適切な非言語コミュニケーション手段で表現し，他者の非言語コミュニケーション手段による要請に応える能力。 ・発話交替などの応答的，互恵的なスキルの使用。
さまざまな目的のための言語コミュニケーション・スキルが発達する。	話しことば[3]を理解し，さまざまな目的のために使う（監訳者追記：発話行為を行う）。 he kōrero ā-waha	・広い語彙，複雑なシンタックスの使用。単語，リズム，韻文に含まれる音に対する意識。文字や活字のコンセプトの認識。一つまたは複数の言語の物語や読み書きへの関心。 ・自分の第一言語が大切にされているという確信と，少なくとも1つの言語の能力向上。
自分の文化や他の文化の物語や象徴，記号などに触れることができる。	物語を聞く[4]ことを楽しみ，聞いた物語の再話や物語の作成を楽しむ。he kōrero paki	・マオリ語を，社会的意味がある生きた言語として認識する。 ・記号は他者が「読む」ことができるものであり，考え，体験，アイデアなどは，印刷物やデジタル形式で単語，絵，数字，音，形，模型，写真などとして表すことができることを理解する。
	印刷された記号や概念を認識し，意味と目的意識を持って，楽しみながらそれらを使う。he kōrero tuhituhi	・コミュニティーの中のさまざまな文化において大切にされている物語や文学に親しみ，楽しむ。
	数学記号や概念を認識し，意味と目的意識を持って，楽しみながらそれらを使う。he kōrero pāngarau	・意味と目的があるアクティビティにおける数字と数字の使い方を模索し，観察することによって，数字に親しみ，数字を使う。 ・量，数，寸法，形，空間などに関連するパターンや関係を模索し，楽しみ，説明する能力。
さまざまな創造や表現の手段を発見する。	あらゆる素材や手段を使って，気持ちやアイデアを表現する。he kōrero auaha	・数字は面白さ，喜び，癒やし，啓発，情報提供，刺激を与えてくれるものであるとの認識。 ・気持ちや考え方の表現，交渉，物語の作成や再話，情報伝達，問題解決などのためにことばを使う。 ・切る，描く，コラージュを作る，絵の具を使う，版画を作る，織物を作る，縫う，彫る，造形活動をするなどの図画工作のプロセスに関するスキルと自信。 ・気分や気持ちの表現や情報伝達のために使用できる，複数の媒体や道具（クレヨン，鉛筆，絵の具，積み木，木片，楽器，運動，教育用のテクノロジー）を使う技能。 ・視覚芸術的アクティビティ，想像遊び，大工仕事，物語り，演劇，音楽などのさまざまなアクティビティを通じて創造力や表現力を発揮する能力。 ・さまざまな文化の音楽，歌，ダンス，演劇，アートなどを理解し，親しむことで，これらの媒体が楽しみ，喜び，癒やし，啓発，情報提供，刺激を与えるものであり，特定の文化行事に適している可能性があることの認識。

[3] 本書でいうところの「ことば」とは，子どもが第一言語として使うあらゆるコミュニケーション手段を網羅する。ニュージーランド手話や，発話がない子どものための補助・代替コミュニケーション（AAC：alternative and augmentative communication）も含む。

[4] 聴覚障害または難聴の子どもについては，見る行為も「聞く」ことに含まれる。

（1）学びの成果を推進する実践例

　ことばと文化は不可分である。カイアコ（保育者）は，テ・レオ・マオリ（マオリ語）と チカンガ・マオリ（マオリの慣行，習慣，儀式など）を積極的に推進することで，モコプナ（子どもたち）のアイデンティティ，帰属感，ウェルビーイングに関する意識を高めている。

　カイアコ（保育者）はマオリ語の単語を正確に発音し，適切な言語学習理論をもとにさまざまな戦略を用いてテ・レオ・マオリ（マオリ語）を推進する。

1）乳児 （監訳者追記：出生から1歳半まで）

・カイアコ（保育者）は，さまざまな単語やジェスチャーを使って，乳児の注意を引く。カイアコ（保育者）は子どもの世話をする際に，子どもを丁寧に観察することで，諾否のジェスチャーを認識する。

・カイアコ（保育者）は乳児に本を読み，物語を聞かせ，語りかけ，音やことばを楽しむ機会を多く与える。ことばは，なだめたり，落ち着かせたりするためにも使われる。プログラムには，発話行為を促すアクション・ゲーム，指遊び，歌などが含まれている。

・保育の場には，活字やことばが豊富にある。カイアコ（保育者）は確かな意味のあるかたちで，数字，形，パターンや，「多い」「少ない」「大きい」「小さい」などの概念に乳児の注意を引く。

・ことば豊かな環境には，乳児の第一言語以外のことばも含まれる。

・乳児にはさまざまなリソースが与えられる。その中には，あらゆる色や，手触り，形，大きさの自然素材が含まれ，乳児はそれらを自由に試し，探究する。

・乳児は自然環境の中で，太陽の光をあびる木の葉や雨の音などのパターンや音を体験する。

2）トドラー （監訳者追記：1歳から3歳まで）

・トドラー同士で話をするよう奨励され，援助される。

・トドラーは，さまざまな媒体を介して気持ちやアイデアを伝えるよう奨励され，援助される。

・カイアコ（保育者）は，トドラーの第一言語の使用を奨励し，新しい単語やフレーズのモデリング，ことば遊び，あらゆる本，歌，詩，手遊び歌などを子どもと共有し，その種類を広げることで，トドラーの発話行為を育てる。

・カイアコ（保育者）は，らく書きやお絵描き，さまざまな記号の認識を奨励する。

・トドラーには，ニュージーランド手話を含むトドラー自身の第一言語で学ぶためのサポートに加え，他のことばや文化を体験する機会も提供される。

・トドラーには，ゲームをしたり，さまざまな数字，記号，形，大きさ，色などの特徴がある感覚リソースを使ったりする機会が数多く提供される。

・トドラーは本物の道具や素材を使うことを試し，屋内外の遊びにおいて自然素材を使うことができる。

・トドラーにはダンスに参加したり，楽器の弾き方を学ぶなど，演奏をしたり，音楽に合わせて身体表現をする機会がある。

・乳幼児教育の場には，想像遊びや創造性を刺激するさまざまな小道具があり，トドラーはそれらを使うことができる。

３）幼児（監訳者追記：2歳半から小学校入学まで）

・子どもたちは持続的な会話をし，単語を楽しみ，複雑なことばを使い，語彙を広げる機会が与えられる。物語を聞くことに加え，物語を語る練習もする。

・聴覚障害や難聴の子どもたちが，有意義な日常的環境でニュージーランド手話を学び，練習できるよう，援助する。

・子どもたちには，数字記号を学び，量，数量，寸法，分類，マッチング，パターン認識などの数学的な概念とプロセスを活用する機会が提供される。

・カイアコ（保育者）は，子どもたちが自分の名前を含む，文字や文章を認識することを奨励する。

・カイアコ（保育者）は，「活字はメッセージを伝えている」「話しことばは文字にできる」など，活字に関する概念の発達を奨励する。

・文章やイラストレーションはストーリーを伝え，本は情報を提供し，物語は子どもたちを新しい世界に誘い込んでくれるということを，子どもたちは学ぶ。

・子どもたちは，ダンス，ジェスチャー，ごっこ遊びなどで，全身を使う。

・テ・レオ・マオリ（マオリ語）は，自然な要素としてプログラムに組み込まれている。

・子どもたち，ファーナウ（子育て応援隊），カイアコ（保育者）のコミュニティーで使われている他のことばもプログラムに組み込まれている。

・子どもたちは，粘土，布，繊維，紙，鉛筆，想像遊びのための道具，絵筆，ローラー，スタンプ台，ハサミ，計算機，デジタル・デバイス，楽器，粘着テープ，のり，大工道具など，あらゆる素材やテクノロジーを使う経験を積む。

・芸術表現，音楽，運動などをグループで行う機会が定期的にある。

・子どもたちは，図画工作や音楽のみならず，環境，ルールやアイデア，ユーモアやジョークなどにおいても，創造性を発揮できる。

（２）リーダーシップ，組織，実践に関わる考察

　乳幼児教育の環境には標識，記号，単語，数字，歌，ダンス，演劇，アートなどが豊富に存在する。それらを通じて子どもは，自分のことばや文化，もしくは他のことばや文化に対する理解を深め，表現する。

　カイアコ（保育者）は，子どものことばの習得や発達については，情報に基づく現実的な期待を持ち，ことばの遅れが確認された場合は，タイムリーな助言を求める。

　子どもの聞こえについては，定期的なモニタリングやチェックを行い，中耳炎，治療，補聴器などに関する情報を，保護者やファーナウ（子育て応援隊）が迅速に入手できるようにする。

　聴覚障害や難聴の子どもについては，その子の第一言語であることばとコミュニケーション・スキルを伸ばせるよう援助する。第一言語とは，話しことばもしくは，ニュージーランド手話である。

子どもたちは，あらゆる大人や子ども（同年齢，他年齢とも）と関わる機会が与えられる。

カイアコ（保育者）と子どもの間で一対一のコミュニケーションを行う機会は豊富にある。

カイアコ（保育者）は，子どもたちが対話をスタートすることを奨励し，子どもの視点を理解するために彼らの話をよく聞き，ことばの技能と語彙を伸ばし，拡大できるよう，子どもをサポートする。

プログラムでは，テ・レオ・マオリ（マオリ語）の使用を奨励している。カイアコ（保育者）はテ・レオ・マオリ（マオリ語）を学び，バイリンガル（監訳者追記：2言語を使う能力）として育つことが子どもにとって何を意味しているかを理解できるよう援助される。

カイアコ（保育者）は，子どもの家庭のことばが使われることを尊重し，奨励する。

乳幼児教育の場には，読み書き算数の概念発達をサポートするためのあらゆるリソースが備えられている。

子どもたちが創造や表現のさまざまな方法を発見し，伸ばせるよう，あらゆる芸術関連のリソースも備え，子どもたちをサポートする。

カイアコ（保育者）は，デジタル化が進む世界でコミュニケーションを行う際の安全と安心に関する理解を子どもたちが深められるよう，サポートする。

●振り返りのための質問

カイアコ（保育者）が振り返りを行うために，以下の質問もしくは独自の質問を使うことを奨励する。

- ・カイアコ（保育者）は，子どもたちの非言語コミュニケーションを，どのような方法でどの程度識別し，対応しているか。
- ・子どものコミュニケーション能力と発達しつつあるアイデンティティの感覚を支えるにあたり，ことばの学びについて主に活用しているアプローチは何か。
- ・すべての子どもが，カイアコ（保育者）と持続的な会話を定期的に行えるようにするためにはどうすればよいか。
- ・子どもたちが新しい語彙を習得して使い，音や文章構造に関する認識を高められるようにするために，カイアコ（保育者）はどのように子どもをサポートすることができるか。
- ・2つ以上のことばを使って学んでいる子どもたちについては，毎日の実践としてどのようにことばの学びをサポートできるか。
- ・ことばの習得の記録には，どのような方法またはテクノロジーを使っているか。特に英語が第一言語ではない子どもについてはどうか。
- ・生きていることばとしてのテ・レオ・マオリ（マオリ語）は，教育の場ではどのように使われ，奨励されているか。
- ・カイアコ（保育者）は，ことばの習得における文化，ことば，発達面でのダイバーシティーをどのように認識し，応答しているか。他のコミュニケーション手段を使う子どもが対象の場合はどうか。

・記号に関する知識，活字や数学の概念の習得などを支えるために，子どもたちにはどのような読み書きや算数の機会が提供されているか。
・子どもたちが物語を聞いたり，作ったり，再話する機会は，どのような頻度と方法で提供されているか。
・芸術については，どのようなリソースが子どもたちに定期的に提供されているか。乳幼児教育の場ではどのような頻度でクリエイティブまたは芸術的な表現が奨励されているか。
・子どもたちの文化もしくは他の文化のダンス，演劇，音楽，その他創造的な表現を子どもたちが体験する定期的な機会としては，どのようなものがあるか。

6. 要素5：探究〈マナ・アオトゥーロア〉

子どもは環境を積極的に探究することで学ぶ。

Ko te whakatipuranga tēnei o te mana rangahau, me ngā mātauranga katoa e pā ana ki te aotūroa me te taiao.

　本要素（ストランド）は，乳児，トドラー，幼児が世界を探究し，世界から学び，世界を尊重し，有意味化する際の足場かけ（51ページの監訳者注を参照）に関わる側面を網羅する。彼らの探究には，自然界や社会，物理的，精神的（スピリチュアル），人工的側面などの環境におけるすべての側面が含まれる。

　子どもたちは遊びを通して学ぶ。実行し，質問し，周りの子どもや大人たちと関わり，物事の仕組みに関する理論を考案し，理論を試し，リソースを有効に活用しながら学ぶ。探究する中，生涯の学びに影響を及ぼし続ける態度や期待感が発達し始める。

　環境に対する敬意の示し方は，多様なあり方や知り方によって形成される。子どもたちやファーナウ（子育て応援隊）が，どのように世界を理解し，自然環境に敬意を持ち，感謝しているかについて，カイアコ（保育者）は理解を深める。子どもたちは自然界に対する敬意を，パパトゥーアーヌク（地球，母なる大地），ランギニュイ（天，父なる空），アトゥア・マオリ（マオリの神々）への敬意というかたちで表現することもある。その中でカイチアキタンガ（環境の管理者）は，不可欠な存在である。

　パシフィカ（ニュージーランドに住む南太平洋地域出身の人々とその子孫）の子どもたちにとっては，長老，家族，コミュニティーの中に存在するスキルや知識が，自立的な探究の基盤となる。

探究：子どもたちはクリティカル・シンカー（分析的思考者），問題解決者，探究者である。
マナ・アオトゥーロア：子どもたちは，自分の世界やより広い世界と繋がり，その世界を大切にすることができる探究者として，自分のことをとらえている。

目　標	学びの成果	学びと発育のエビデンス
子どもたちが生活する環境では，	子どもたちは導きと励ましに支えられ，時を経て以下の能力が育まれていく。	子どもたちが以下のようなエビデンスを示した場合に，学びの成果に向けたプロセスが進んでいるとみなされる。
遊びは意味ある学びとして大切にされ，自発的な遊びの重要性が認識されている。	遊び，想像，発明，実験。te whakaaro me te tūhurahura i te pūtaiao	・不確実な状況に耐える，代替策を想像する，判断を下す，素材を選ぶ，自分たちに課す課題を考案するなどの能力と意思。 ・物事を試すこと，探究すること，アイデアや素材について考えること，周りの友だちや大人と連携・協働することなどが，重要かつ評価される学びの方法であることの理解。
子どもたちは，自分の身体に自信を持ち，コントロールできるようになる。	自信を持って身体を動かし，身体的なチャレンジを自分に課す。te wero ā-tinana	・遊ぶことに対する自信。象徴遊び，ごっこ遊び，劇遊びなどお決まりの遊びのレパートリーがある。
子どもたちは，積極的な探究，思考，推論のための戦略を学ぶ。	推論や問題解決のためにあらゆる戦略を使う。te hīraurau hopanga	・長時間にわたって関心事やプロジェクトを追求する能力。 ・世界に対する好奇心と，周りの友だちや大人と関心事を共有する能力と意思。 ・世界について探究し，考えをめぐらせ，有意味化することに対する自信。そのために，問題設定と解決，パターン探し，分類，推測，試行錯誤，観察，計画，比較，説明，内省的ディスカッションへの参加，物語を聞くなどの戦略を使う。 ・世界を有意味化するためにすべての感覚や身体的能力を使う。 ・身体を移動する動き，基礎運動能力，敏しょう性，バランス能力などを含む身体的コントロール。多少のリスクがあってもチャレンジするための身体や心の調整と自信。
子どもたちは，自然界や社会，物理的世界や物質的世界を理解するための作業理論（活用できる理論）を構築する。	作業理論（活用できる理論）を構築し，磨きをかけることで，自分が住む世界を有意味化する。te rangahau me te mātauranga	・知識にはさまざまな領域があり，それら領域が人，場所，モノに関する理解と関連していることの認識。 ・デジタル・メディアを含むクリエイティブな表現媒体を使って，発見したことを伝える能力。 ・自然界，社会，物理的世界，精神世界，人工的な世界などに関する作業理論（活用できる理論）について調査，研究，探究，構築，修正などをする好奇心と能力。 ・命ある世界に対する責任感と，世界を大切にする方法に関する知識。

（1）学びの成果を推進する実践例

　カイアコ（保育者）は，マオリの探検と航海の歴史を認識しており，安全ではあるものの挑戦を与える環境や体験を提供することで，モコプナ（子ども）が歴史と自分を結びつけることを奨励する。

　カイアコ（保育者）は，モコプナ（子ども）と環境の関係を認識しており，子どもたちが環境

のカイチアキ（管理者）としての責任を果たせるようサポートする。例えば，カイアコ（保育者）はモコプナ（子ども）が環境を傷つけずに自然観察をすることを奨励する。

1）乳児（出生から1歳半まで）

・乳児の周りにあるすべてのモノが，学びのリソースとしての可能性を理由に選ばれている。カイアコ（保育者）は，乳児の探究の対象となり，感覚的な刺激が豊かで，いつでも自由に変更できるリソースを提供する。

・カイアコ（保育者）は乳児の運動能力の発達を尊重し，各自のペースで自然に身体発達が進むことを見守る。乳児が動く，つかまる，バランスをとる，つかまり立ちをするなどができるよう，安全でありつつ刺激を与えるモノや家具などを置く。

・乳児は新鮮な空気，さまざまな匂い，温度，音など各種の感覚的体験をする。すべすべの床，絨毯，芝生，砂などの屋内外のさまざまな遊びのスペースも体験する。

・美的および感覚的環境にも配慮し，光，色，デザイン，音，味，匂いなどについては心地よい対比があるようにする。

・乳児には，周りの子どもや大人たちを観察したり，連携・協働しながら遊ぶ機会がある。

2）トドラー（1歳から3歳まで）

・トドラーには，活発な探究や創造的な表現の機会がある。カイアコ（保育者）は，サポートはするが邪魔はしない。

・トドラーは，広々としたスペースを利用できる。そこでは，モノを動かすなどの，動きに対する関心やそれに関連する遊びの関心が援助される。

・トドラーには，食べ物の質感や味を探究する機会がある。

・トドラーには，動物やその他の生き物の世話の手伝いをする機会がある。

・トドラーは，自分のペースでスキルを身につけ，自分の能力や限界を理解するよう奨励される。カイアコ（保育者）は，子どもたちが援助を必要とするとみなすのではなく，援助が必要な場合はトドラー自身が援助を求めると信じて見守る。

・トドラーは，ホリスティックな学びと発達をサポートする，感覚的な刺激が豊かで，いつでも自由に変更でき，耐久性がある，あらゆるリソースを利用できる。

・カイアコ（保育者）はトドラーの語彙を広げ，質問をするよう働きかけ，好奇心や作業理論（活用できる理論）の構築を奨励する。

・トドラーには，いろいろな方法でモノや素材を集め，分類し，整理する機会や，類似しているものをまとめたり，正しい場所に物を置くなど，秩序の感覚を育てる機会がある。形，色，質感，パターンなどについて，積極的かつ創造的に探究することが奨励される。

3）幼児（2歳半から小学校入学まで）

・子どもたちは，「知らない」と言うことや，失敗のリスクを恐れず，安心感を持つよう奨励される。遊びについて話し，振り返りのスキルを身につけることも奨励される。

・子どもたちの好奇心が育てられ，持続的に関心を維持する能力が備わってくる。子どもたちが参考として使える適切な本，絵，ポスター，地図などが提供される。

・子どもたちは，微細運動能力や粗大運動能力[*1]を発達させ，さまざまなレベルの身体的な

チャレンジや妥当なリスクが含まれるアクティビティを体験する。これらのアクティビティには，登る，バランスをとる，ハンマーを打つ，片足で跳ぶ，回転する，流し込む，障害物コースや構成遊び*2に取り組むことなどが含まれる。

・大きく，広々とした空間で，縄跳び，ボール，ラケット，バット，バランス・ボードなどの運動用具を利用できるようにすることに加え，身体運動に関する知識を重視することで，子どもたちの運動技能のレパートリーは広がる。

・目的意識がある問題解決のアクティビティを子どもたち自身が始めたり，自ら問題を設定し，さまざまな材料や道具を使って，自分たちが満足できるようなかたちで問題を解決することができるよう，日々のプログラムや環境はアレンジされている。

・子どもたちは，試行錯誤を通じて問題の答えを探し，今までの経験をもとに他の戦略を試すよう奨励される。自分の選択を説明し，選択について論理的に議論することも奨励される。

・子どもたちは，絵画や構造物などのパターンに気づき，それを説明し，自分でパターンをつくることが奨励される。

・子どもたちには，想像遊びを計画し，モニタリングし，参加するために，ことばを使う機会がある。

・子どもたちには，自然界で見つけられるパターンやダイバーシティーに関する知識を増やす機会がある。例えば，動植物がどのように成長し，動植物のウェルビーイングには何が必要かを観察する。

・子どもたちには，モノがどのように動くか，またはどのように動かせるかを探究する機会がある。動かす方法としては息を吹きかける，投げる，押す，引く，転がす，揺らす，沈めるなどがある。子どもたちは，車輪，滑車，磁石，ブランコなどの動きの探究を可能とするテクノロジーにもアクセスできる。

・モノの組み立てや分解，モノや素材の並べ替えや再形成，さまざまな空間的視点からモノを見る，虫眼鏡を使うなどの手段により，子どもたちは空間に関する理解を発達させる機会がある。

・子どもたちは，馴染みある大人や仲間がいる社会的環境で，社会的概念，ルール，決まりや約束事などを身につけ，探究する機会がある。

（2）リーダーシップ，組織，実践に関わる考察

乳幼児教育の環境では，積極的な探究を奨励するために配置された空間において，あらゆる探究，計画，推論，学びの可能性が提供される。新たな挑戦と馴染みある環境により，子どもたちが自信をつけることが奨励される。

---

*1 〔監訳者注〕**粗大運動能力・微細運動能力**：粗大運動能力は身体全体を使う運動能力であり，歩く，走る，跳ぶ，バランスとるなどの能力である。微細運動能力は，手指を使う細かい運動能力であり積み木，絵画，ビーズ通し，衣服のボタンを扱うなどの能力である。

*2 〔監訳者注〕**構成遊び**：積み木，ブロック，粘土，工作，パズル，絵画など，素材や材料を用いて，子どもたちの想像力や創造力の発揮を促す遊び。

　環境全体が学びのリソースとして使用され，すべての子どもがその環境にアクセスできる。子どもたちには適切な道具*¹が提供されるので，自分で環境をコントロールすることができる。道具には，ロープ，ネット，厚板，箱などに加え，丸太，棒，石，泥などの自然の素材も含まれる。

　カイアコ（保育者）は，大自然や自然界の素材と触れる機会を定期的に子どもたちに提供することにより，カイチアキタンガ（環境の管理）の意識を奨励する。

　大人に支えられながら，多少のリスクがあっても挑戦を含む遊びをすることにより，子どもたちが自分の身体能力を探究し，試すことが重要であることを，カイアコ（保育者）は認識している。このような遊びには，さまざまな高さやスピードを試みる，力を試す，本物の道具を使うことなどが含まれる。カイアコ（保育者）は子どもたちと対話しながら，自分でリスクを評価することに自信を持てるよう子どもたちを導く。

　カイアコ（保育者）は，あらゆる教育理論の戦略を用い，子どもたちの遊びを広げる。追加のリソースを提供する一方，学びを伸ばし，作業理論（活用できる理論）の構築をサポートするかたちで計画やアクティビティを強化する方法を提案する。

　カイアコ（保育者）は，一人もしくは小グループの自発的な遊びやスキルの練習を促すリソースや道具を用意する。使う素材や道具は年齢層に適したものであり，正常に機能し，手が届くところにあり，清潔の維持や片づけがしやすいものとする。

　カイアコ（保育者）は，子どもたちの関心を基盤とし，関心を拡大する体験やリソース，行事，長期にわたる探究などを計画する。科学，算数，テクノロジーを学ぶための道具も提供する。

　カイアコ（保育者）は，子どもたちの質問に答え，子どもたちが明確にアイデアを述べ，膨らませるよう援助することで，一緒に考え続けることを奨励する。探究，問題解決，記憶，予測，比較の機会を活用するよう手助けし，一緒に答えを見出すことに熱心になれるようサポートする。カイアコ（保育者）は，何が，なぜ起こっているのかを子どもたちが知ることを奨励する。

　カイアコ（保育者）は，子どもたちが人，場所，モノに対する考えや思いを表現するにあたり，クリエイティブ・アート*²を使うことを奨励するために，リソースを提供し，誘発する。

　カイアコ（保育者）は，子どもたちの身体運動に関する知識のサポート方法を認識している。

　安全で衛生的なペットの小屋，環境保全，リサイクル，ごみ処理などの手順が導入されている。

　カイアコ（保育者）向けの参考書に加え，保護者向けに，栄養，子どもの身体活動と成長，学びと発達における遊びの重要性などに関する参考図書を置いている。

---

*¹　〔監訳者注〕　**適切な道具**：子どもたちが環境との関わりの中で，主体的な遊びを展開するきっかけや遊びを継続する力となる素材や道具を意味する。日本では鳴門教育大学を中心に研究成果が蓄積されている。

*²　〔監訳者注〕　**クリエイティブ・アート**：創造的な芸術活動を意味する。テ・ファーリキは，子どもたち自身が素材や道具を使いこなすことを探究し，その上で豊かな創造力を発揮することを推奨する。

●振り返りのための質問

　カイアコ（保育者）が振り返りを行うために，以下の質問もしくは独自の質問を使うことを奨励する。

- ・子どもたちがマオリの価値観に応えるかたちで自分と世界を繋げ，自分の世界を大切にするよう奨励するにはどうしたらよいか。
- ・子どもたちが他者の文化的信条や世界観を尊重しつつ，自然界や生物界を探究するにはどうすればよいか。
- ・カイアコ（保育者）は，子どもたちが自信を持って身体能力を発達させ，伸ばすための機会をどのように提供すればよいか。
- ・既存の身体能力，認知能力，体力を認識しつつ，すべての子どもがチャレンジに取り組む自信を持てるようにするには，カイアコ（保育者）はどうすればよいか。
- ・子どもたちの遊びや想像を大切に思っていることを，カイアコ（保育者）はどのように子どもたちに示せばよいか。
- ・どのようなかたちで子どもたちはさまざまな媒体を自由に探究し，創造性を発揮しているか。
- ・子どもたちの自発的な遊び，関心，作業理論（活用できる理論）のうち，何を活用すればカリキュラムの体験を生み出すことができるかというという点について，カイアコ（保育者）はどのように考え，判断すればよいか。
- ・本物の道具（庭仕事用の道具，のこぎり，顕微鏡など）を自信を持って使い，有意味な学びや意味づけに結びつけるための探究を行うには，どのような方法があるか。
- ・探究，思考，推論，問題解決において採用しうるさまざまな戦略を子どもたちが見極められるようにするために，カイアコ（保育者）はどのように子どもたちを奨励すればよいか。
- ・子どもたちが構築し，磨きをかけた作業理論（活用できる理論）をカイアコ（保育者）が認識し，対応し，拡大するためには，どのような専門知識がカイアコ（保育者）にとって有用か。
- ・カイアコ（保育者）が子どもたちの中に探究の文化を確立し，そのモデリングをするにはどうすればよいか。
- ・子どもたちの作業理論（活用できる理論）の発達をサポートする長期のプロジェクトに子どもたちが参加する機会として，どのようなものが存在するか。

第3章 学校(小中高)やクラ(指導言語がマオリ語でマオリの文化や価値観を基盤とする学校)への道しるべ

> ミロの木*の実を食べた鳥は，森を自分のものにする。
> 教育を受けた鳥は，世界を自分のものにする。
> *Te manu e kai ana i te miro, nōna te ngahere;*
> *te manu e kai ana i te mātauranga nōna te ao.*

　学びとは出生前から始まり，生涯続く旅である。各教育機関には，子どもたち（そして大人になった子どもたち）の生涯にわたる探究の旅を支える責任がある。カイアコ（保育者）や新入生担当の教員は子どもたちのアイデンティティや文化を認め，彼らの知識の蓄えに働きかけ，蓄えを増やし，彼らの学びにポジティブな期待を持つことによって，子どもたちを援助する。

　幼児は学校（小中高）やクラ（指導言語がマオリ語で，マオリの文化や価値観を基盤とする学校）への入学を楽しみにしている。しかし，乳幼児教育施設とは異なることを予想して入るものの，自分に期待されること，全体的な指導計画，日課（ルーチン）などがいかに異なるかということについては必ずしも適切に予期できていない。カイアコ（保育者），新入生担当の教員，保護者，ファーナウ（子育て応援隊）が協力することで，重要な幼小接続時において子どもたちの学びの継続を援助することができる（専門家によるサポート・サービスが関わることもある）。

1. 同様のビジョン

　テ・ファーリキ，ニュージーランド・カリキュラム（英語を指導言語とする小中高等学校のカリキュラム），テ・マラウタンガ・オ・アオテアロア（マオリ語を指導言語とする学校のカリキュラム）における乳幼児・児童・青少年のためのビジョンは類似している。

テ・ファーリキが目指している子どもたちの姿

　子どもたちは，有能で自信に満ちた学び手であり，コミュニケーションの担い手。心身，精神ともに健全で，確固たる帰属感と社会に価値ある貢献ができるという自覚を持っている。

---

* 〔監訳者注〕　**ミロの木**：熱帯地方に広く分布する常緑樹。木の高さは5～10m程になり，小さいかぼちゃのような形の実をつける。学名の*Thespesia populnea*には，神を礼拝する場所に植えられる神聖な木という由来がある。

　英語を指導言語とする教育のためのカリキュラムであるニュージーランド・カリキュラムにおける児童・青少年のビジョンは，「自信に満ち，周囲とのつながりを持ち，積極的に関わりを持つ，生涯を通じた学び手。在校中は，充実し，満足できる人生を歩むことを可能とする価値観，知識，コンピテンシーを伸ばし続ける」である。

　マオリ語を指導言語とするテ・マラウタンガ・オ・アオテアロア（マオリ語を指導言語とする学校のカリキュラム）は，ニュージーランド・カリキュラムに並行するカリキュラムで，以下のような生徒を育てることを目指している。

　優れた学び手。マオリの世界における効果的なコミュニケーションの担い手。心身，魂ともに健全で，揺るぎないアイデンティティと帰属感を持つ有能かつ自信に満ちた学び手として成長する。マオリ社会とマオリ社会以外の広い世界に参加し，貢献できるスキルと知識を持つ人となる。

---

2. テ・ファーリキとニュージーランド・カリキュラム（英語を指導言語とする小中高等学校のカリキュラム）

　テ・ファーリキとニュージーランド・カリキュラムには，多くの類似性がある。両者とも，教育環境が提供することと子どもたち自身が持ち寄る知識と経験の中間領域で学びが生まれるとみなしている。

　2つのカリキュラムは同様の原理（プリンシパル）を基盤とし，大切な学びについて同様のアプローチをとっている。原理（プリンシパル）と要素（ストランド）を紡ぎ合わせるというテ・ファーリキの考え方と同様に，ニュージーランド・カリキュラムでも，カリキュラムとはさまざまなエレメントを紡ぎ合わせたものとみなしている。

　学校によって，カリキュラムの構成の仕方は異なる。価値観，キー・コンピテンシー，学びのいずれかの領域を中心とし，残り2つの領域を意図的にプログラムに織り込む学校もあれば，いくつかのテーマを中心とし，複数の学びの領域を横断するかたちで価値観，キー・コンピテンシー，知識，技能を融合する学校もある。

　テ・ファーリキでは，学びに向かう構えと作業理論（活用できる理論）には密接な相関関係があるとみなされている。ニュージーランド・カリキュラムのキー・コンピテンシーや学びの領域についても同じことがいえる。テ・ファーリキもニュージーランド・カリキュラムも学びのアプローチにおいては，学びの方法と内容の双方を重視する分割対照型教育論*が必要であると認識されている。

　ニュージーランド・カリキュラムでは，世の中に関する理解を科学，数学，美術などの学びの領域に分けているのに対し，テ・ファーリキでは，これらが要素（ストランド）に織り込ま

れている（例えば，算数はコミュニケーションと探究においては明示的位置づけにあるが，その他の要素においては暗示的位置づけにある）。

　キー・コンピテンシーは密接な相関関係があり，キー・コンピテンシーが学びの領域に複雑なかたちで織り込まれているが，ニュージーランド・カリキュラムとテ・ファーリキの間にも多くの結びつきを確認することができる。「ニュージーランド・カリキュラムとテ・マラウタンガ・オ・アオテアロア（マオリ語を指導言語とする学校のカリキュラム）との結びつき」の表（監訳者追記：67ページ〜）では，ニュージーランド・カリキュラムのキー・コンピテンシー，価値，学びの領域が，テ・ファーリキの学びの成果を基盤としていることが示されている。これを出発点として，より深くカリキュラム間の繋がりを探究することが可能である。

3. テ・ファーリキとテ・マラウタンガ・オ・アオテアロア（マオリ語を指導言語とする学校のカリキュラム）

　テ・ファーリキもテ・マラウタンガ・オ・アオテアロア（マオリ語を指導言語とする学校のカリキュラム）も，テ・アオ・マオリ（マオリの世界）とテ・アオ・パケハ（主にヨーロッパ系の世界）の間を，自信を持って行き来できる文化的能力を持った子どもを描いている。

　両カリキュラムとも，人間の発達に関するホリスティックな視点に立脚している。ホリスティックな視点には，子どもの全容を網羅する属性であるテ・チナナ（身体），テ・ヒネンガロ（知性，意識，心理），テ・ワイルア（魂），テ・ファトゥマナワ（心，精神，感情の中心）が含まれている。これらの属性はファーリキ（敷物）と同様に紡ぎ合わされており，ハラケケ（一年草の亜麻，監訳者追記：ファーリキの素材）の各部分のように依存し合っている。

　マオリの人々にとって，子どもとは先祖の世界と新しい世界の要で，人，場所，モノと霊的な領域に繋がっており，ファーナウ（子育て応援隊），ハプー（部族），イウィ（親族）に帰属する，テ・ティリティ・オ・ワイタンギ（ワイタンギ条約）のカイチアキ（管理者）である。テ・ファーリキは，これを認識している。

　テ・マラウタンガ・オ・アオテアロア（マオリ語を指導言語とする学校のカリキュラム）では，マオリ語を指導言語とする教育機関の全卒業生が，教育，社会，文化において高い水準の成功を収め，多様なライフスキルを持ち，幅広いキャリアの選択肢を持つことを目指している。テ・ファーリキと同様，テ・マラウタンガ・オ・アオテアロア（マオリ語を指導言語とする学校のカリキュラム）の原理（プリンシパル）は，ワイタンギ条約と強い結びつきがある。原理（プリンシパル）は，「学び手自身が教育と学びの中心に位置している」「学び手はあらゆるライフスキルや高度な自己認識を持ち，自分の可能性を達成する」「学校，ファーナウ（子育て応援

---

* 〔監訳者注〕　**分割対照型教育論（"Split screen" pedagogy）**：イギリスの学習心理学者ガイ・クラックストン（Guy Claxton）が提唱する授業理論。授業目標に「学習内容＝何を学ぶか」と「学習方法＝どのように学ぶか」を同時に立て，両者を学習者に明示することにより，内容と方法の学習成果を同時に高めようとする授業理論。ニュージーランドの小中高等学校カリキュラムの背景にある授業理論の1つである。

隊），ハプー（部族），イウィ（親族），コミュニティーが協力する」「環境の健康は個人の健康
である」であり，これらの原理（プリンシパル）が価値観や態度に繋がっている。個々のクラ
（マオリ語を指導言語とする学校）は，ファーナウ（子育て応援隊），ハプー（部族），イウィ（親
族），コミュニティーと協力し，大切な価値観や態度を定義している。

4. テ・ファーリキとテ・アホ・マトゥア（マオリの アプローチをとっている学校の運営原理を記した文書）

　テ・アホ・マトゥア（マオリのアプローチをとっている学校の運営原理を記した文書）は哲学的文
書で，クラ・カウパパ・マオリ（マオリのアプローチをとっている学校）の基盤となる原理（プリ
ンシパル）を示している。原理（プリンシパル）は，テ・イラ・タンガタ（人間の本質），テ・レ
オ（ことば），ンガー・イウィ（民族），テ・アオ（世界），アーフアタンガ・アコ（学びの環境），
テ・チノ・ウアラタンガ（不可欠な価値観）の6つの領域に関わっている。

　テ・ファーリキやテ・マラウタンガ・オ・アオテアロア（マオリ語を指導言語とする学校のカ
リキュラム）を支える原理（プリンシパル）と同様，テ・アホ・マトゥア（マオリのアプローチを
とっている学校の運営原理を記した文書）の原理（プリンシパル）も人間の発達をホリスティック
な視点でとらえ，以下のような若者を描いている。

> 　人生において追求すると決めた知識のすべての領域に意識を向けることができる，自由
> で偏見がない心と探究心が育つ。マオリ語と英語の両言語でしっかりと考え，耳を傾け，
> 発言し，読み書きができる。創造的な才能を活かす喜びを感じる。自尊心，自信，自律
> 心，充実した指導力を持つ。身体的・霊的なウェルビーイングを体現する。全人類の神聖
> なる源に先祖を介してつながっているという認識による安心感を持っている。大切な人々
> の望みや期待の表れとなる多くのことを達成できる人となる。[5]

---

[5] 詳細は，ニュージーランド教育省のウェブサイトを参照。

5. ニュージーランド・カリキュラムとテ・マラウタンガ・オ・アオテアロア（マオリ語を指導言語とする学校のカリキュラム）との結びつき

（1）要素1：ウェルビーイング〈マナ・アトゥア〉

学びの成果	紡ぐ	ウェルビーイング〈マナ・アトゥア〉に関わるニュージーランド・カリキュラムとの結びつきの例
子どもたちは導きと励ましに支えられ，時を経て以下の能力が育まれていく。 自分の健康を維持し，身の回りのことをする。 te oranga nui 自分を管理し，自分の気持ちやニーズを表現する。 te whakahua whakaaro 自分や他者を危険から守る。 te noho haumaru	ローカル・カリキュラムは，児童生徒が学びの体験に関わっていくうえでのテ・ファーリキの原理（プリンシパル）と要素（ストランド）ならびにニュージーランド・カリキュラムの価値観，キー・コンピテンシー，学びの領域を綿密に紡ぎ合わせて作成する。	キー・コンピテンシー：自己管理 例として，生徒は「自分はできる」という姿勢を持ち，自分を有能な学び手としてとらえている。生徒たちは，進取的で，信頼に値し，レジリエンスがある。自分で目標を立て，課題に対応するための戦略を持っている。 学びの領域：保健・体育 生徒たちは，健康に関わる運動という観点で，自分および他者や社会のウェルビーイングについて学ぶ。 学びの領域：社会科学 生徒たちは社会の仕組みを探究し，確かな情報を持つ批評的かつ責任ある市民として，いかにして社会に参加し，行動をとれるかを探究する。
	紡ぐ	ウェルビーイング〈マナ・アトゥア〉に関わるテ・マラウタンガ・オ・アオテアロア（マオリ語を指導言語とする学校のカリキュラム）との結びつきの例
	ローカル・カリキュラムは，児童生徒が学びの体験に関わっていくうえでのテ・ファーリキの原理（プリンシパル）と要素（ストランド）ならびにテ・マラウタンガ・オ・アオテアロア（マオリ語を指導言語とする学校のカリキュラム）の価値観，キー・コンピテンシー，学びの領域を綿密に紡ぎ合わせて作成する。	価値観 個々の学び手は，学び手自身の価値観や信条の見極め，理解するために役立つ価値観や指向性を形成する。 学びの領域：ハウオラ（健康） 要素（ストランド）：ワイオラ（健康，健全性） 生徒たちは，身体を維持する食物や栄養について探究し，学ぶとともに，心と精神のウェルビーイングに資する栄養という考え方も探究する。また，個人としての成長や発達，安全性，安全な行動に関わるさまざまな側面を説明，検討，分析する。 学びの領域：ハウオラ（健康） 要素（ストランド）：タンガタ（人間，個人） 生徒たちは個人または他者のあらゆる状況における人間関係を説明し，分析する。

（2）要素2：帰属感〈マナ・フェヌア〉

学びの成果	紡　ぐ	帰属感〈マナ・フェヌア〉に関わるニュージーランド・カリキュラムとの結びつきの例
子どもたちは導きと励ましに支えられ，時を経て以下の能力が育まれていく。 自分の世界の人，場所，モノを関連づけることができる。 te waihanga hononga 自分たちが生活する場所を大切にし，その手入れなどに参加する。 te manaaki i te taiao 園における物事の進め方を理解し，変化に適応する。 te mārama ki te āhua o ngā whakahaere me te mōhio ki te panoni	ローカル・カリキュラムは，児童生徒が学びの体験に関わっていくうえでのテ・ファーリキの原理（プリンシパル）と要素（ストランド）ならびにニュージーランド・カリキュラムの価値観，キー・コンピテンシー，学びの領域を綿密に紡ぎ合わせて作成する。	キー・コンピテンシー：参加と貢献 例として，生徒はグループの一員として適切に貢献し，他者との繋がりを構築し，グループのための機会を創出する能力がある。帰属感を持ち，新しい環境に参加する自信がある。権利，役割，責任のバランスを維持することの大切さと社会的，文化的，物理的，経済的環境の質と持続性に貢献することの大切さを理解している。 学びの領域：社会科学 生徒たちは社会の仕組みを探究し，確かな情報を持つ批評的かつ責任ある市民として，いかにして社会に参加し，行動をとれるかを探究する。 学びの領域：科学 生徒は，確かな情報を持つ批評的かつ責任ある市民として，科学が重要な役割を果たす社会に参加できるよう，自然界と物理的世界ならびに科学自体の仕組みを探究する。
カウパパ（マオリのことば，習慣，知識，道理，イデオロギーなど），ルール，他者の権利に敬意を示す。 te mahi whakaute	**紡　ぐ**	帰属感〈マナ・フェヌア〉に関わるテ・マラウタンガ・オ・アオテアロア（マオリ語を指導言語とする学校のカリキュラム）との結びつきの例
	ローカル・カリキュラムは，児童生徒が学びの体験に関わっていくうえでのテ・ファーリキの原理（プリンシパル）と要素（ストランド）ならびにテ・マラウタンガ・オ・アオテアロア（マオリ語を指導言語とする学校のカリキュラム）の価値観，キー・コンピテンシー，学びの領域を綿密に紡ぎ合わせて作成する。	価値観 学び手は，マオリの世界に導いてくれるファーナウ（子育て応援隊），ハプー（部族），イウィ（親族）の大切さを理解している。自分のアイデンティティと起源も認識している。 学びの領域：チカンガ・アー・イウィ（文化的習慣，社会科学，部族の習わし） 生徒たちは，人間による場所や環境との関わりや，人間による環境の持続について，知識や理解を深める。 学びの領域：ハンガラウ（探究技能） 生徒たちは自分の世界を研究し，過去や現在における人々の信念や価値観ならびに天然素材の使用について探究する。さまざまな関係の結果を理解するために，生徒は解決策に反映される価値観や信念を慎重に検討する。

（3）要素3：貢献〈マナ・タンガタ〉

学びの成果	紡ぐ	貢献〈マナ・タンガタ〉に関わるニュージーランド・カリキュラムとの結びつきの例
子どもたちは導きと励ましに支えられ，時を経て以下の能力が育まれていく。 周りの友だちや大人と公平に接し，遊びの仲間に入れる。 te ngākau makuru 自分の学ぶ能力を認識し，大切に思う。 te rangatiratanga さまざまな戦略やスキルを用いて，周りの友だちや大人とともに遊び，学ぶ。 te ngākau aroha	ローカル・カリキュラムは，児童生徒が学びの体験に関わっていくうえでのテ・ファーリキの原理（プリンシパル）と要素（ストランド）ならびにニュージーランド・カリキュラムの価値観，キー・コンピテンシー，学びの領域を綿密に紡ぎ合わせて作成する。	**キー・コンピテンシー**：他者との関係性 例として，生徒たちはさまざまな環境で多様な人々と有効に交流する。積極的に話を聞くことを学び，異なる意見を認識し，アイデアについて交渉し，共有する。 **学びの領域**：保健・体育 生徒たちは，健康に関わる運動という観点で，自分および他者や社会のウェルビーイングについて学ぶ。 **学びの領域**：ことばを学ぶ。 生徒たちは，第一言語以外のことばでコミュニケーションをすることを学び，多数の言語を学ぶ能力を発達させ，自分の世界観と関連づけて異なる世界観を探究する。
	紡ぐ	**貢献〈マナ・タンガタ〉に関わるテ・マラウタンガ・オ・アオテアロア（マオリ語を指導言語とする学校のカリキュラム）との結びつきの例**
	ローカル・カリキュラムは，児童生徒が学びの体験に関わっていくうえでのテ・ファーリキの原理（プリンシパル）と要素（ストランド）ならびにテ・マラウタンガ・オ・アオテアロア（マオリ語を指導言語とする学校のカリキュラム）の価値観，キー・コンピテンシー，学びの領域を綿密に紡ぎ合わせて作成する。	**価値観** 学び手一人ひとりが共感の価値や態度ならびに友人や学校のファーナウ（子育て応援隊）への尊敬を育む。 学び手は，仲間やグループと協力する。 **学びの領域**：ハンガラウ（探究技能） 生徒たちは，自分とは異なる文化や人の価値観や信念を検討し，検討内容に適したかたちで対応策を調整し，実践することを決定し，理解する。 **学びの領域**：ハウオラ（健康） **要素（ストランド）**：タンガタ（人間，個人） 生徒たちは個人または他者のあらゆる状況における人間関係を説明し，分析する。

（4）要素4：コミュニケーション〈マナ・レオ〉

学びの成果	紡ぐ	コミュニケーション〈マナ・レオ〉に関わるニュージーランド・カリキュラムとの結びつきの例
子どもたちは導きと励ましに支えられ，時を経て以下の能力が育まれていく。	ローカル・カリキュラムは，児童生徒が学びの体験に関わっていくうえでのテ・	**キー・コンピテンシー**：ことば，記号，文章を使う。 例として，生徒たちは知識を表現するコードを使い，有意味化する。ことばや記号は，情報，

ジェスチャーや動作で自分を表現する。 he kōrero ā-tinana 話しことばを理解し，さまざまな目的のためにことばを使う（監訳者追記：発話行為を行う）。 he kōrero ā-waha 物語を聞くことを楽しみ，聞いた物語の再話や物語の作成を楽しむ。 he kōrero paki 印刷された記号や概念を認識し，意味と目的意識を持って，楽しみながらそれらを使う。 he kōrero tuhituhi 数学記号や概念を認識し，意味と目的意識を持って，楽しみながらそれらを使う。 he kōrero pāngarau あらゆる素材や手段を使って，気持ちやアイデアを表現する。 he kōrero auaha	ファーリキの原理（プリンシパル）と要素（ストランド）ならびにニュージーランド・カリキュラムの価値観，キー・コンピテンシー，学びの領域を綿密に紡ぎ合わせて作成する。	経験，アイデアなどを表し，伝えるシステムであることを学ぶ。 **学びの領域：英語** 生徒たちは音声，視覚，書面にて伝えられたことばや文学を学び，活用し，楽しむ。 **学びの領域：数学と統計** 生徒たちは量，空間，データの関係を探究し，自分を取り巻く世界を有意味化するかたちで，これらの関係を表現することを学ぶ。 **学びの領域：芸術** 生徒たちは，思考，想像，感覚，感情を繋げつつ，アイデアを模索し，磨き，伝えるために，作品を作成し，他者の作品に応答する。 **学びの領域：ことばを学ぶ。** 生徒たちは，第一言語以外のことばでコミュニケーションをすることを学び，多数の言語を学ぶ能力を発達させ，自分の世界観と関連づけて異なる世界観を探究する。
	紡　ぐ	**コミュニケーション〈マナ・レオ〉に関わるテ・マラウタンガ・オ・アオテアロア（マオリ語を指導言語とする学校のカリキュラム）との結びつきの例**
	ローカル・カリキュラムは，児童生徒が学びの体験に関わっていくうえでのテ・ファーリキの原理（プリンシパル）と要素（ストランド）ならびにテ・マラウタンガ・オ・アオテアロア（マオリ語を指導言語とする学校のカリキュラム）の価値観，キー・コンピテンシー，学びの領域を綿密に紡ぎ合わせて作成する。	**価値観** 学び手一人ひとりの価値観や態度が育つことにより，アイデアを出す，読む，聞くなどの学校におけるすべての学びのアクティビティに参加する意欲が生まれる。 **学びの領域：ンガー・トイ（芸術）** 生徒たちは，あらゆる演劇の要素が必要とされる環境において，動作や声がどのように利用され，応用されるかを調べ，動作や声を使い，それらに関する知識を増やし，それについて説明する。 **学びの領域：パーンガラウ（数学）** 生徒たちは，量，データ・セット，空間，時間などのさまざまな角度から見るパターンや関係性の使い方を探究する。

（5）要素5：探究〈マナ・アオトゥーロア〉

学びの成果	紡　ぐ	探究〈マナ・アオトゥーロア〉に関わるザ・ニュージーランド・カリキュラムとの結びつきの例
子どもたちは導きと励ましに支えられ，時を経て以下の能力が育まれていく。	ローカル・カリキュラムは，児童生徒が学びの体験に関わっ	**キー・コンピテンシー：考えること。** 生徒たちは創造的，批評的，メタ認知的なプロセスを用いて，情報，経験，アイデアなどの意

子どもたちは導きと励ましに支えられ，時を経て以下の能力が育まれていく。 遊び，想像，発明，実験。 te whakaaro me te tūhurahura i te pūtaiao 自信を持って身体を動かし，身体的なチャレンジを自分に課す。 te wero ā-tinana 推論や問題解決のためにあらゆる戦略を使う。 te hīraurau hopanga 作業理論（活用できる理論）を構築し，磨きをかけることで，自分が住む世界を有意味化する。 te rangahau me te mātauranga	ローカル・カリキュラムは，児童生徒が学びの体験に関わっていくうえでのテ・ファーリキの原理（プリンシパル）と要素（ストランド）ならびにニュージーランド・カリキュラムの価値観，キー・コンピテンシー，学びの領域を綿密に紡ぎ合わせて作成する。	キー・コンピテンシー：考えること。 生徒たちは創造的，批評的，メタ認知的なプロセスを用いて，情報，経験，アイデアなどの意味を理解する。知的好奇心がこのコンピテンシーの中核にある。 生徒たちは有能な思考者と問題解決者として成長し，知識を積極的に求め，使用し，生み出すと同時に，思い込みや既成概念の根拠に疑問を投げかけ，挑戦する。 **学びの領域：科学** 生徒は，確かな情報を持つ批評的かつ責任ある市民として，科学が重要な役割を果たす社会に参加できるよう，自然界と物理的世界ならびに科学自体の仕組みを探究する。 **学びの領域：テクノロジー** 生徒たちは学びを経て，製品やシステムの革新的な開発者や見識ある消費者となり，世界にポジティブな影響を及ぼす。 **学びの領域：保健・体育** 生徒たちは，健康に関わる運動という観点で，自分および他者や社会のウェルビーイングについて学ぶ。 **学びの領域：数学と統計** 生徒たちは量，空間，データの関係を探究し，自分を取り巻く世界を有意味化するかたちで，これらの関係を表現することを学ぶ。
	紡　ぐ	**探究〈マナ・アオトゥーロア〉に関わるテ・マラウタンガ・オ・アオテアロア（マオリ語を指導言語とする学校のカリキュラム）との結びつきの例**
	ローカル・カリキュラムは，児童生徒が学びの体験に関わっていくうえでのテ・ファーリキの原理（プリンシパル）と要素（ストランド）ならびにテ・マラウタンガ・オ・アオテアロア（マオリ語を指導言語とする学校のカリキュラム）の価値観，キー・コンピテンシー，学びの領域を綿密に紡ぎ合わせて作成する。	**価値観** 一人ひとりの学び手が，すべての学びにおける理解，認識，適性に関する価値観や態度を育み，それを現代社会の道しるべとする。 学び手は，マオリの世界の入り口に導いてくれるファーナウ（子育て応援隊），ハプー（部族），イウィ（親族）の大切さを理解している。 **学びの領域：プータイアオ（科学）** 生徒たちは，研究，実験，調査，問題解決などの技能に関わるコンピテンシーを身につける。 生徒たちは，科学的リテラシーに加え，物理的，倫理的，認知的コンピテンシーも身につける。 **学びの領域：ハンガラウ（探究技能）** 生徒たちはあらゆる学びのそれぞれの文脈における素材の特性を探究し，研究する。 加えて，各種テクノロジーのプロセスや生産システムについても検討する。これらは生徒が作成するデザインや計画に反映される。

6. 幼小接続期の援助

　カイアコ（保育者）は，乳幼児期の学びと，ニュージーランド・カリキュラムやテ・マラウタンガ・オ・アオテアロア（マオリ語を指導言語とする学校のカリキュラム）のキー・コンピテンシー，価値，学びの領域がどこでどのように結びついているかを認識しており，結びつきを示すことができる。一方，新入生担当の教師は，テ・ファーリキの原理（プリンシパル）と要素（ストランド）を認識しており，確立済みの基礎を土台に意図的な積み上げを行っていく。

　幼小接続期の援助については，ニュージーランド・カリキュラムの「一貫性の原理」に明記されている。カリキュラムは，「一貫性のある接続期を提供し，将来の学びへの道を開く」こととしている。これが教師にとって何を意味するかも，ニュージーランド・カリキュラムに詳しく記載されている。

　乳幼児教育から学校への接続期は，学校が以下のことを実行することで援助される。

・教師や周りの子どもとの関係を育て，子どものアイデンティティを認める。

・子どもたちが身につけてきた学びの体験を土台に，積み上げを行う。

・学校における子どもの体験の全容が考慮される。

・家族やファーナウ（子育て応援隊）が学校で歓迎される。

　マオリにとっては，ファーナウ（子育て応援隊）が子育てにおける理想的な社会的単位である。ファーナウ（子育て応援隊）内の人々の関係は何世代にも及ぶ。子どもたちは過去の遺産を継承し，未来に手を伸ばす。過去，現在，未来の関係はテ・ファーリキ，テ・マラウタンガ・オ・アオテアロア（マオリ語を指導言語とする学校のカリキュラム），そしてテ・アホ・マトゥア（マオリのアプローチをとっている学校の運営原理を記した文書）の原理に含まれている。子どもがカウパパ・マオリ（ことば，習慣，知識，道理，イデオロギー，意図などにおいて，マオリであることが常態とみなされるマオリのアプローチ）の環境で学ぶ中，各段階のさまざまな関係は，常に過去，現在，未来を配慮したものとなる。

　カイアコ（保育者）は，テ・ファーリキとテ・マラウタンガ・オ・アオテアロア（マオリ語を指導言語とする学校のカリキュラム）との関係を維持，強化する責任があり，クラ・カウパパ・マオリ（マオリのアプローチをとっている学校）との関係においては，テ・アホ・マトゥア（マオリのアプローチをとっている学校の運営原理を記した文書）の原理との関係を維持，強化する責任がある。教育セクターの各部門が，他部門との関係を大切にすれば，より強固で，結束力がある共同体ができることになり，子どもたちにとっては教育現場間の接続が，連続性のある体験となる。

　子どもたちの就学年齢は6歳であるため，テ・ファーリキと学校やクラ（マオリ語を指導言語とする学校）のカリキュラム関連資料の使用については，ある程度の柔軟性や重複があってよい。

第4章 カイアコ（保育者）の責任

> **遠く離れず，一緒にそばにいよう。**
> *Waiho i te toipoto, kaua i te toiroa.*

> このファカタウキー（ことわざ）は，カイアコ（保育者）が周りの人々と協力しながら保育をすることで，子どもたちが多数の関係を持つメリットを楽しめるようにする必要性を強調している。

カイアコ（保育者）は，いかなる乳幼児教育サービスにおいても，大切な人材である。思慮深く，計画性がある教育理論を通して，子どもたちの学びや発達を促進することが，カイアコ（保育者）の主たる責任である。ゆえに，カイアコ（保育者）には各種の能力が求められる。

・子どもたちの学びや発達に関する知識があり，子ども一人ひとりの異なる能力，長所，関心，学びの軌跡などを見極める能力。
・テ・ファーリキの効果的な教育理論，枠組みや意図を支える理論に関する知識。
・遊びを基盤としたカリキュラムや教育理論に関する知識があり，すべての子どもの動機づけになる，楽しく，わかりやすいカリキュラムを概念化し，計画し，実施する能力。
・科学や芸術などの領域に関する知識をカリキュラムに組み込む能力。
・文化的コンピテンシー：テ・レオ（マオリ語）やチカンガ・マオリ（マオリの習慣，風習，儀式など）の運用能力を高め，タンガタ・フェヌア（アオテアロア・ニュージーランドの先住民の子孫）と応答的な互恵関係を築く能力。
・インクルーシブな環境を推進する手段の一環として，すべての子どもの文化やことばのダイバーシティーを支える能力。
・保護者，ファーナウ（子育て応援隊），コミュニティーと対話を持ち，カリキュラムや学びにおける彼らにとっての優先事項を理解する能力。
・学びに気を配り，子どもたちに主体性を与え，彼らのマナ（魂・畏敬）を高めるアセスメントの実践を通じて，学びへの気配りを可視化する能力。
・すべての子どもが仲間と連携，協働しながら学ぶことを可能とする包摂性。
・子どもたちの学びと発達を援助し，進歩させるさまざまな代替的方法に関する知識とそれらを試す能力。
・個人として，そして協働チームの一員として，ことばや学びのロールモデルであること。
・本人ならびに他者の健康とウェルビーイングを支える活動のロールモデルであること。

・乳幼児教育の場における同僚のカイアコ（保育者），学校の教師，専門家などを含む人々
　と，プロとしての協働を可能とする関係を確立し，維持する能力。
・自分の仕事について思慮深く振り返り，エビデンス，批評的分析，問題解決などの手段を
　用いて，実践内容を形づくる能力。
・子どもたちの学びにポジティブな影響を及ぼす，専門能力の継続的開発に対する責任感。

　カイアコ（保育者）の継続的な学びと成長を促進し，援助するのは，教育指導者の主たる責
任である。

第5章 理論とアプローチの基礎

先祖から受け継いだことであれば，正しい。
Kia heke iho rā i ngā tūpuna, kātahi ka tika.

> このファカタウキー（ことわざ）は世代を超えた見識と，先祖の賢明な助言に対するマオリの人々の敬意に言及している。教育と学びにとって，理にかなった確かな理論的基盤が重要であることを示唆している。

　カリキュラムと教育理論は，カイアコ（保育者）が乳幼児教育の場において子どもの学びや発達に影響を及ぼし，子どもを援助し，指導する手段である。テ・ファーリキに明示または暗示されている教育理論は，カリキュラムの4つの原理（プリンシパル）と一致している。原理（プリンシパル）は，伝統的なマオリの考え方と社会文化的な理論立てを統合したものである。

　エンパワメント（ファカマナ）：カリキュラムと教育理論は，子どもたちに主体性を与え，彼らのマナ（魂・畏敬）を高め，子どもたちが他者のマナ（魂・畏敬）を高められるよう援助することにより，彼らが学び，成長できるよう，エンパワメントを与えるものである。

　ホリスティックな発達（コタヒタンガ）：カリキュラムと教育理論は，「全人的な学び手」を重視している。全人的な学び手とは，認知的（ヒネンガロ），身体的（チナナ），感情的（ファトゥマナワ），スピリチュアル（ワイルア），社会的，文化的側面がすべてしっかりと紡ぎ合わされた子どもたちのホリスティックな学びと成長を反映している。

　家族とコミュニティー（ファーナウ・タンガタ）：カリキュラムと教育理論は，家族とコミュニティーが学びと発達において不可欠であることを認識している。すべての子どもは，乳幼児教育環境の場のみならず，家庭，ファーナウ（子育て応援隊），コミュニティー，コミュニティーを超えた世界などで構成される数層の入れ子のような環境の中に存在している。

　関係性（ンガー・ホノンガ）：カリキュラムと教育理論は，子どもが人，場所，モノとの応答的で互恵的な相互関係を通して学ぶことを認識している。

　カリキュラムを計画するにあたり，カイアコ（保育者）はさまざまな教育のアイデアや理念の影響を受ける。これはニュージーランドにおける保育サービスのダイバーシティーと一致する流れであり，各園のカリキュラムに各々の明確な特徴が現れる所以である。

　効果的なカリキュラムと教育理論を支えているのは，子どもたちがいかにして学び，そのプロセスにおいて大人がどのような役割を果たせるかという点に関するエビデンスに立脚した理

論である。

　ペレ*1やドゥリー*2をはじめとする一流のマオリ理論の研究者は，アオテアロア・ニュージーランド独特の理論的な視点や要点（例えば，アイデンティティ，ことば，文化など）の開発に貢献してきた。

　テ・ファーリキは，以下の理論，モデル，アプローチを活用している。

1. 生物生態学的モデル

　子どもたちの学びは，家族，コミュニティー，より広い地域，国，世界などのさまざまな影響がある入れ子のような環境や関係の中にある。カイアコ（保育者）は，これらの環境の一部もしくはすべてに参加し，影響を及ぼしうる。

　ユリー・ブロンフェンブレンナー*3は，生態学的システム・モデルにてこのプロセスを説明している。子どものウェルビーイングと発達に焦点を当てた整合性のあるシステムが学びを導く。カイアコ（保育者）にとってのテ・ファーリキの実施とは，自分が所属する乳幼児教育現場の内外で他者と協力し，カリキュラムを成立させることである。生態系システムにおける横断的な協力は，家族とコミュニティー（ファーナウ・タンガタ）の原理（プリンシパル）の延長線上にある。

> 　ブロンフェンブレンナーの理論の実践例は，国連子どもの権利条約（UNCROC）に対応するニュージーランドのカイアコ（保育者）の姿に見られる。カイアコ（保育者）は，乳児の段階から子どもたちの権利，関心，視点を支持し，守る。カイアコ（保育者）は子どもたちを市民とみなし，子どもたちの尊厳を維持しつつ，子どもたちのマナ（魂・畏敬）を育て，子どもたちによる他者のマナ（魂・畏敬）への貢献を援助する。

　ブロンフェンブレンナーのモデルでは，学びと発達を牽引する個人と環境の互恵的な影響が考慮されている。このアプローチは，成長過程にある人の素質，知識，経験，スキルなどの特性が，環境のさまざまな側面とどのように作用し，それが環境との関わりを促すか抑制するか

---

*1　〔監訳者注〕　**ペレ（Rangimarie Rose Pere 1937-2020）**：ニュージーランドの教育者であり，マオリ語を擁護する精神的なリーダーでもあった。彼女は先住民マオリ族の文化を熟知した専門家として，ニュージーランドの教育と福祉の向上に貢献し，世界的にも知られた人物。

*2　〔監訳者注〕　**ドゥリー（Sir Mason Harold Durie 1938-現在）**：精神科医であるとともにニュージーランド国立マッセイ大学の教授として，マオリ研究，特にマオリの健康，ウェルビーイングに関する研究で知られる。代表的な論文に「マオリ族の健康観」（1985）などがある。

*3　〔監訳者注〕　**ブロンヘェンブレンナー（Urie Bronfenbrenner, 1917-2005）**：旧ソビエト生まれのアメリカ合衆国の発達心理学者でありコーネル大学名誉教授。子どもの発達を環境との相互作用に見出す発達の生態学で知られる。日本語に翻訳された代表的な著作に長島貞夫訳：二つの世界の子どもたち―アメリカとソ連のしつけと教育―，金子書房，1971，磯貝芳郎・福富　護訳：人間発達の生態学，川島書店，1996などがある。

を理解することを目的としている。ゆえにテ・ファーリキでは，教育環境の目標が，各要素（ストランド）と一連の学びの成果に連携づけられているのである。

　ブロンフェンブレンナーの最新の考え方は，子どもたちの世界が急速に変化し続けており，時を超えて繋がっていると認識することを，カイアコ（保育者）に求めるものである。

2. 社会文化理論

　社会文化理論は，幼児を認知的視点と文化・歴史的視点から研究したレフ・ヴィゴツキー[*1]とジェローム・ブルーナー[*2]による理論的思考に負うところが大きい。

　近年の社会文化理論は，「学びは発達を促し，価値ある社会・文化的活動への参加を介した人，場所，モノとの関係において実現する」というヴィゴツキーの考え方が土台となっている。この枠組みにおいて，遊びは子どもたちが周囲の友だちや大人とふれあう中で，新しい役割やアイデンティティを試す重要な手段である。仲間やカイアコ（保育者）はさまざまなかたちの導きや援助を行う。

　子どもの学びと発達は，相互に関係する3つの考え方の影響を受けるとみなされている。

・遺伝的，発達的，環境的要素が相互に作用し，学びを可能としたり，抑制したりする。

・思考やことばは社会生活から生まれる。

・個人や社会の活動や行動は，子どもの文化への参加に左右される。

　この観点において，カイアコ（保育者）は，子どもの発達に関する確固たる理解が必要となる。これには，ことばの発達と，社会的交流やカイアコ（保育者）の導きが学びにおいて果たす役割も含まれる。加えて，カイアコ（保育者）は，幼児が素材，アーチファクト（人工物），道具ならびに社会や文化における象徴やシンボルを学ぶことの大切さも理解する必要がある。

3. カウパパ・マオリ（マオリのアプローチ）の理論

　カウパパ・マオリ（マオリのアプローチ）の理論はマオリの知り方とあり方に依拠しており，マオリの知識，ことばや文化が日常のこととして受け止められることを前提としている。同理

[*1]　〔監訳者注〕　**ヴィゴツキー（Lev Simkhovich Vygodskiy 1896-1934）**：旧ソビエトの心理学者。彼は，子どもと環境（人，場所，モノ）との相互作用が発達に重要な役割を果たすとして，相互作用における遊び，言語を特に重視した。また，現在の発達水準と発達可能な水準を繋ぐ発達の最近接領域に作用する教育の重要性を指摘する。日本語に翻訳された代表的な著作に柴田義松訳：思考と言語　新訳版，新読書社，2001がある。

[*2]　〔監訳者注〕　**ブルーナー（Jerome Seymour Bruner 1915-2016）**：アメリカの心理学者・教育学者。ハーバード大学にて新しい学問分野である認知心理学の草分けになるとともに，学習，言語習得，経験の語り，社会文化との相互作用を重視した教育理論を構築した。日本では1960年代アメリカ合衆国の教育界を席巻した"教育内容の現代化"の理論的指導者として，知られるが，その後，乳幼児の話し言葉や法と行動の関わりなど幅広い研究を展開した。日本語に翻訳された代表的な著作に鈴木祥蔵・佐藤三郎訳：教育の過程，岩波書店，1963，佐藤三郎訳：イギリスの家庭外保育，誠信書房，1985がある。

論によってマオリの願いが発信され，マオリの願い，アイデアと学びの実践に関わる枠組みと構成が示される。カウパパ・マオリ（マオリのアプローチ）の理論の実施においては，マオリがマオリとして教育で成功を収められる実践が強調される。その中核となるのがマオリのことばや文化の保持であり，それがポジティブな変革の基盤を提供し，教育，社会，経済面での進歩をもたらすことになる。

　カウパパ・マオリ（マオリのアプローチ）の理論は，アオテアロア・ニュージーランドの土地，文化，歴史，そして人々の中に存在しており，ファーナウ（子育て応援隊），ハプー（部族），イウィ（親族）の合意事項に牽引される独特で状況に適した理論的枠組みとして構成されている。

4. パシフィカ・アプローチ（ニュージーランドに住む南太平洋地域出身の人々とその子孫のアプローチ）

　ニュージーランドの保育に影響を及ぼしたパシフィカ（ニュージーランドに住む南太平洋地域出身の人々とその子孫）のアプローチは，コプ・タンガタ（クック諸島），ファラララガ（サモア），ファレ・ハンガ（トンガ），イナティ（トーケラウ）などのさまざまな民族特有の知り方とあり方に由来する。

　これらのアプローチでは，学びと価値観において尊敬や互恵主義は不可欠とみなされている。時間や場所，イデオロギーを超えた人と人との複数の関係の概念が強調され，親しみある世界と親しみのない世界，さまざまなパシフィカ（ニュージーランドに住む南太平洋地域出身の人々とその子孫）の世界観，パシフィカとパシフィカ以外の世界観などの異なる見解の舵取りをする能力も重視される。通常パシフィカのアプローチでは，親しみのあるものと親しみのないものを繋げる確実な手段として，メタファーや例えを利用し，尊重している。

　パシフィカは，子どもたちを宝物そして未来への希望としてとらえている。子育ての責任は，アイガ〔拡大家族（監訳者追記：サモア語）〕が共有している。

5. 批評的理論

　テ・ファーリキは，子どもたちの学びと発達に影響を及ぼす社会情勢，グローバルな影響，機会均等などを検討するにあたり，批評的理論の視点を用いた研究結果を反映している。批評的理論の視点とは，格差，不公平や不平等，標準とみなされていることなどに疑問を投げかけることである。批評的理論の視点活用については，テ・ファーリキの原理（プリンシパル）のみならず，子ども，保護者，ファーナウ（子育て応援隊）に対する公平な対応を推進する方法の導きにも反映されている。

6. 新たな研究と理論

　乳幼児期や小児期ならびに生涯を通じた発達に関する研究の進歩により，我々の理解は持続的に拡大している。例えば，神経科学研究により，人間の発達は出生前から始まり，乳幼児期に急激に加速し，生涯続くとのエビデンスが出てきている。

　幼児と成人の頭脳の主な違いは，子どもの頭脳のほうがはるかに感受性が高いことである。可塑性といわれるこの差には，プラスとマイナスの側面がある。幼児の頭脳のほうが，学びや脳を豊かにする影響への受容力がはるかに高い一方，大人の頭脳に比べ脆弱でもある。

　神経科学や遺伝子環境における相互作用に関する研究では，子どもの生物学的基盤は発達途上において環境の特定要素と相互作用することと，質の高い乳幼児期の学びの環境が脳の発達を育むとのエビデンスが示されている。

第6章

アセスメント*，計画，評価*

子どもたちの個性を我々の仕事の道しるべとしよう。
Mā te ahurei o te tamaiti e ārahi i ā tātou mahi.

1. アセスメント

　アセスメントによって大切な学びが可視化される。カイアコ（保育者）はアセスメントを用いて，子どもが何を知っていて，何ができ，何に興味を持っているかを認識し，子どもたちの発達の進み具合，新たな学びの機会の示唆，追加の援助が必要になりうる要素等を把握する。

　このようにとらえると，アセスメントとは，カリキュラム計画や学びの充実化を支える形成的評価であると同時に，子どもたち，ファーナウ（子育て応援隊），家族，他のカイアコ（保育者），外部の援助機関などに，子どもたちの経時的な学びや発達について報告する際にも有用である。

　互恵的で応答的な乳幼児教育の実践において，年長の子どもたちは自分の学びの旅の計画やアセスメントに参加できる。

　アセスメントには，日常的なアセスメントと公式のアセスメントがある。日常的なアセスメントは，通常の遊びや行事などに関わっている子どもたちにカイアコ（保育者）が耳を傾け，観察し，共に参加し，対応しながらその場で行う。その直接的な結果として，ティーチングや学びの環境を変え，子どもたちの短期的および長期的な目標の達成に繋げていく。

　公式に文書化されるアセスメントでは，子どものカリキュラムとの関わりをカイアコ（保育者）が観察し，観察事項を文書化する。写真や録音，録画を撮り，子どもたちの作品の例を集めることもある。このように時間をかけて集めたアセスメント情報を分析することで，カイアコ（保育者）は子どもの能力の変化をたどり，その後の学びのための道しるべを検討し，それを援助するための計画を立てる。

---

* 〔監訳者注〕　本書では，Assesmentを「アセスメント」，Evaluationを「評価」と訳し，両者を区別した。ここでいう「アセスメント」の意味は，子どもたちの発達と学びの状況の日常的な把握である。「アセスメント」は乳幼児教育の実践と計画の中で繰り返し行われる。ニュージーランドでは，この「アセスメント」の公式文書として「ラーニング・ストーリー」を作成する。この点については，本書の解説編である第8章をご参照いただきたい。またここでいう「評価」の意味は，乳幼児教育の質の向上のための保育施設の状況調査である。特に保育施設の外部評価については，ニュージーランド政府の第三者機関である教育機関評価局（Education Review Office）が概ね3年に一度，保育施設の第三者評価を行い，評価結果をHP上で公表している。

　子どもたちの学びのポートフォリオは，カイアコ（保育者）が子どもたちの進歩や関心をフォローするうえで有益な手段となる。また，保護者やファーナウ（子育て応援隊）が子どもの学びの旅に参加し，それぞれの観察や提案をする機会にもなる。ポートフォリオには注釈つきの写真，子どもの作品，子どもの話しことばの録音や書き起こし，カイアコ（保育者）の所見，ラーニング・ストーリーなどが含まれる。年長の子どもたちは，自分で写真を撮り，自分の作品に関する話をし，その話を書き留めてもらうことも多々ある。

　ラーニング・ストーリーのような物語形式のアセスメントでは，価値ある学びに気づく，認識する，応答する，記録する，見直すなどの形成的評価の順序も活用できる。

　ポートフォリオに含まれる項目を子どもたちが見直す機会は，学びとなる対話を誘引し，自己評価や子ども同士のアセスメントを援助する。年長の子どもたちはカイアコ（保育者）やファーナウ（子育て応援隊）とともに，自分自身の学びを計画する。

　学び，今までの進歩，次のステップの選択肢，さらなる援助が必要か否かなどの確認は，形成的アセスメント・プロセスの中核的な要素である。テ・ファーリキの目標や学びの成果は，形成的アセスメント，計画と評価の確固たる基盤となる。

　カウパパ・マオリ（ことば，習慣，知識，道理，イデオロギー，意図などにおいて，マオリであることが常態とみなされるマオリのアプローチ）の視点で行われるアセスメントは，子どもをマオリの知り方とあり方の中に位置づけ，モコプナ（子ども）の教育に関するファーナウ（子育て応援隊）の願いを認め，援助するかたちで実施される。カウパパ・マオリのアセスメントでは，モコプナ（子ども）が保育の環境に持ち込むモノや人〔モコプナ（子ども）の本来の力，伝統，歴史，ファーナウ（子育て応援隊），ワーカパパ（血筋）を含む〕をカイアコ（保育者）が認識することが求められる。カウパパ・マオリの考え方が組み込まれたアセスメントでは，子どものみを孤立してとらえることはなく，モコプナ（子ども）が豊かな伝統から生まれ，ファーナウ（子育て応援隊），ハプー（部族），イウィ（親族）との強い絆があることが認識される。

　カウパパ・マオリのアセスメントは，子どもやファーナウ（子育て応援隊）のマナ（魂・畏敬）の向上に関わる。したがって，子どもやファーナウ（子育て応援隊）に関するマオリの構成概念をアセスメントの枠組みの中心に位置づけ，アセスメントがモコプナ（子ども）やファーナウ（子育て応援隊）の力，能力，コンピテンシーを確実にとらえるようにする。

2. すべての子どものアセスメントとテ・ファーリキの原理（プリンシパル）の一貫性

　アセスメントは，子どもたち，保護者，ファーナウ（子育て応援隊）のマナ（魂・畏敬）を向上させるプロセスとし，エンパワメント（ファカマナ）の原理（プリンシパル）を守るかたちで実施する。

　子どもたちは自分の進歩を評価し，ラーニング・ストーリーを決め，目標を設定する能力を高めていく〔例えば，何かに登れるようになる，名前を書けるようになる，自分の関心事やプロジェク

ト を追究したり，拡大したりする，ワイアタ（歌や祈り）をリードするなど]。自分の実績を評価することを学ぶ中，子どもたちは新たな挑戦の計画を立てる能力を高めていく。例えば，学んだことを新たな環境で活用する，新しい役割を持つ，学習に向かう構えを強化する，知識やスキルを拡大する，結果を洗練するなどである。

　ホリスティックな発達（コタヒタンガ）の原理（プリンシパル）は，アセスメントにおいて子どもを全人的にとらえることを意味している。全人的な要素としてチナナ（身体），ヒネンガロ（知性，意識，心理），ワイルア（魂），ファトゥマナワ（心，精神，感情の中心）が含まれる。カイアコ（保育者）は特定の学びの領域を集中的に観察する場面でも，子ども一人ひとりに関する幅広い知識を活用し，観察した内容の意味を見極め，次のステップを計画する。テ・ファーリキは，カイアコ（保育者）が一人ひとりの子どもの学びの全領域を認識し，応答できるよう援助し，原理（プリンシパル），要素（ストランド），目標，学びの成果を通じ，子どものホリスティックな発達を導く。

　家族とコミュニティー（ファーナウ・タンガタ）の原理（プリンシパル）は，保護者やファーナウ（子育て応援隊）が子どもたちの発達や，活動の結果として得られた充実感などに関する話し合いに参加することを意味している。話し合いにおいて，ファーナウ（子育て応援隊）は，家庭やその他の場所における子どもたちの能力に関する知識を共有し，子どもたちの関心事については専門家とみなされる。ファーナウ（子育て応援隊）の期待は，子ども自身の期待や願いに顕著な影響を及ぼすものである。一方，カイアコ（保育者）との協働は，ファーナウ（子育て応援隊）の期待に影響を及ぼすこともある。

　時には子どもの学びの援助のために，外部から専門家が呼ばれることもある。これはすべての子どもたちにとって大切なことではあるが，特に学びについて追加のサポートを必要とする子どもたちにとっては極めて重要である。何が必要かについて関係者の視点が異なる場合は，カイアコ（保育者）がさまざまな視点をコーディネートし，テ・ファーリキの原理（プリンシパル）と合わせる役割を果たすことになる。ファーナウ（子育て応援隊），ハプー（部族），イウィ（親族），コミュニティーが大切にしている学びについてカイアコ（保育者）は十分理解し，その理解は彼らと共有する情報に反映される。

　関係性（ンガー・ホノンガ）の原理（プリンシパル）は，子どもの学びをサポートする人，場所，モノが，アセスメントのプロセスにおいて認識されることを意味している。アセスメントは，子どもを熟知し，子どもが経時的に顕著な学びを達成していることを認識できる者が行うほうが，より有効なアセスメントができる可能性が高い。アセスメントには，子どもの教育と子育てに関係するすべての者が関わる。この中には，子どもの追加的な援助に関わっている者も含まれる。

　テ・ファーリキと一致するアセスメント・フレームワークには，ケイ・トゥア・オー・テー・パエ 1〜20（乳幼児教育における学びのアセスメント：模範例1〜20巻）やテー・ファトゥ・ポーケカ（マオリのアプローチを基盤とするアセスメント・フレームワーク）などがある。

3. 計　画

　計画においては，カイアコ（保育者）や保護者，ファーナウ（子育て応援隊），乳幼児教育関係者などが確認した学びの優先事項について　熟議に基づく意思決定を行う必要がある。子どもたちは全員，カリキュラムの5つの要素（ストランド）を網羅するかたちで学び，得意な分野や興味ある分野を深く追究する機会が与えられるべきである

　計画を実行するにあたり，カイアコ（保育者）は教育理論の知識や子どもたちに関する知識を活用する。これらの知識は，日常的評価と公式評価，保護者やファーナウ（子育て応援隊）ならびに子どもたちと関わりがあるその他の人々との対話，保護者調査や内部評価などの情報源から得る。

　最も大枠で考える場合，カリキュラムの計画は，問いを共有することから始まる。

- ・乳幼児について，または乳幼児の学び方や発達について，我々はどのように考えているか。
- ・子どもたちについて何を知っているか。
- ・保護者やファーナウ（子育て応援隊）とともに，どのような願いを子どもたちに抱いているか。
- ・願いを実現するために，子どもたちは何を学ぶ必要があるか。
- ・カイアコ（保育者）としてその学びを援助するには，どのような知識を持ち，何をするべきか。
- ・学びを援助するために，どのような環境を提供するべきか。

　このような問いは，保護者やファーナウ（子育て応援隊）との互いを尊重し合う対話の出発点となる。対話では多様な意見が発せられ，認められる。カイアコ（保育者）は，テ・ファーリキが包括的なカリキュラムの枠組みであることを説明し，それが園の子どもたちにとってどのような意味があるのかを明確に伝えられるようにする必要がある。このような対話から，「この園では何が大切か」という共通の意識が生まれ，テ・ファーリキの枠組みの中で園のカリキュラムの優先事項を交渉できることになる。これらの優先事項は中長期的な計画や日常的な実践に反映される。

　病院内保育などの一部のサービスでは，一人ひとりの子どもの保育と学びを一日ごとに計画せざるをえない状況となることも多々ある。

4. 評　価

　評価の目的は，乳幼児教育の場で組織的な改善を可能とすることである。

　評価には，内部評価と外部評価がある。内部評価は園自体が実施し，時には子どもたちに加え，保護者やファーナウ（子育て応援隊）も関与する。外部評価は園外の個人または機関が実

施する。

　内部評価では，園がどの程度効果的にすべての園児の長所，関心，ニーズに対応し，子どもたちの学びが進んでいるかを検討する。評価の焦点となるのは，ティーチングと学びのプログラム，園において優先される学び，乳幼児教育の場における学びとティーチングに直接的な影響を及ぼすその他の要素などである。カイアコ（保育者）は，カリキュラムの計画と実践が子どもたちの学びにおける関心や進歩をどの程度効果的に援助しているかについて話し合い，振り返り，評価する。

　広範囲にわたる内部評価では，リーダーシップ，学びの環境，保護者やファーナウ（子育て応援隊）との関係などが評価されることもある。問いかけとしては，「何がうまくいっていて，誰のためにうまくいっているのか」「何が変わるべきで，どう変わるべきか」などがある。対して狭義の内部評価では，カリキュラムにおける特定のイベントや関与を観察し，その効果をレビューし，教訓を得ることを目的とすることもある。

　すべての内部評価は，子どもたちの学びや発達に対する園の影響を第一義的な関心事とするべきである。評価にあたっては，テ・ファーリキの原理（プリンシパル），要素（ストランド），目標，学びの成果を枠組みとするとともに，園のカイアコ（保育者），子どもたち，保護者，ファーナウ（子育応援隊），コミュニティーが特定した学びの優先事項も活用するべきである。

　内部評価は短期でも長期に及ぶものでもよい。長期的な評価は通常1年から3年の期間を要し，実践例，プロセス，方針などの経時的な影響を検討する。長期評価は，定期的な外部評価に資するものとなる。

マオリ・パシフィカ用語集

アー・トーナ・ワー	一人ひとりに合うペースで
アーフアタンガ・アコ	学びの環境
アイガ	ファーナウ，拡大家族（サモア語）
アトゥア・マオリ	マオリの神々
アロハ	愛，思いやり，共感，愛情
アワ	川
イウィ	親族，部族，民族
カイアコ	保育者，教育者
カイチアキ	管理者，保管者，守護者，保護者
カイチアキタンガ	守ること，環境の管理
カウパパ・マオリ	ことば，習慣，知識，道理，イデオロギー，意図などにおいて，マオリであることが常態とみなされるマオリのアプローチ
カラキア	祈り，儀式での詠唱，まじない
クラ	学校。監訳者追記：指導言語がマオリ語で，マオリの文化や価値観を基盤とする学校
コーハンガ・レオ	マオリ語やマオリ文化の維持と再活性化を重視し，マオリ語を指導言語とする乳幼児教育センター
コーレロ	会話，おしゃべり，物語，ニュース，ディスカッション
タオンガ	極めて大切なもの，または持ち物。社会的または文化的な価値がある有形無形のリソースを含む
タプ	聖なるもの，際立ったもの，禁止されているもの
タンガタ・フェヌア	土地の人。アオテアロア・ニュージーランドの最初の定住者の子孫。先住民（マオリ語を話す人）。土地や海を含む地域について慣習的な権限を持つ人または人々。この権限とは当該地域の最初の定住者のもの，もしくは積極的な定住と先住者との交渉によって継承されるもの
チーブナ／トゥーブナ	先祖，祖先
チカンガ・マオリ	マオリの人々の物事のやり方。慣行，習慣，儀式を含む
チナナ	身体，体
テ・アオ	世界
テ・アオ・マーラマ	命と光の世界，この世界，地球
テ・アオ・マオリ	マオリの世界
テ・アホ・マトゥア	Te Aho Matua o ngā Kura Kaupapa Māoriの略称。マオリのアプローチをとっている学校の運営原理を記した文書
テ・イラ・タンガタ	人間の本質
テ・コレ	潜在的な命の領域，無
テ・タハ・ワイルア	魂の次元
テ・チノ・ウアラタンガ	不可欠な価値観
テ・ポー	闇の領域，闇の世界，夜
テ・マラウタンガ・オ・アオテアロア	マオリ語を指導言語とする学校のカリキュラム
テ・モアナ・ヌイ・ア・キワ	太平洋

テ・レオ（マオリ）	マオリ語
トゥー・タンガタ	立場をつらぬく，地に足をつける
トゥアカナ・テイナ	兄弟姉妹。年上もしくは知識が比較的豊富な子どもが，年下もしくは知識が比較的少ない子どもの学びを援助する関係
ノア	普通の状態，制約がない
ハプー	部族，小部族
ハラケケ	亜麻
パパトゥーアーヌク	地球，母なる大地
ヒネンガロ	知性，意識，心理
フーマーリエ	謙虚，優しさ，平穏
ファーナウ	共通の目的のために協力している拡大家族ならびに世代を超えた親戚や人の集まり。監訳者追記：テ・ファーリキの文脈では，子育て応援隊
ファカトイ	大胆不敵
ファカパパ	血筋，系図，家系
ファカヒー	誇り
ファトゥマナワ	心，精神，感情の中心
ファーナウンガタンガ	親族，拡大家族の繋がりの意識。共通の体験や協働を通じた帰属感をもたらす関係
フェヌア	土地
ペーピ	赤ちゃん
マウリ	命のエッセンス，生命の原理，本質
マウンガ	山
マナ	存在力，権威，高い地位，スピリチュアル・パワー，ステータス，統制力。監訳者追記：マオリ文化の価値観を理解するための鍵概念。土地や自然への畏怖・畏敬の念，人間に対する敬意や尊敬の念，さらに実在物や人間に潜在する"精気"（スピリチュアル・パワー）への畏怖・畏敬の念までが含まれる。
マナ・アトゥアタンガ	唯一性とスピリチュアルな繋がり
マナーキ	尊敬，寛容さ，もてなし，他者への思いやりなどを示すこと
マナーキタンガ	尊敬，寛容さ，もてなし，他者への思いやりなどを示すプロセス
マラエ	汎部族グループ，ファーナウ，ハプー，イウィに関わる建物や土地の集合体
モアナ	海
モコプナ	孫。テ・ファーリキにおいては，モコプナは世代を超えたつながりを表現する言葉。監訳者追記：子ども，子どもたち
ラランガ	織物の作成，紡ぐ
ランガチーラタンガ	長としての権威，権威を行使する権利，主権，自律，リーダーシップ，コントロール，独立性
ワーナンガ	教育セミナー，機関，フォーラム；（ワーナンガの行為）討論，議論の共有や学び合い
ワイアタ	歌，詠唱
ワイルア	魂

リファレンス

Authors

Donaldson, M., Grieve, R., & Pratt, C. (1983). *Early Childhood Development and Education: Readings in Psychology*. Oxford, England: Basil Blackwell.

Reedy, T. (2013). Tōku rangatira nā te mana mātauranga: Knowledge and power set me free. In J. Nuttall (Ed.), *Weaving Te Whāriki: Aotearoa New Zealand's Early Childhood Curriculum Document in Theory and Practice* (2nd ed., pp. 35-53). Wellington: New Zealand Council for Educational Research. (Explanation is adapted.)

Reedy, T. & Reedy, T. (2013, December). Te Whāriki: A tapestry of life. Keynote address presented to New Zealand conference on ECEC in cooperation with the OECD ECEC Network, *Curriculum implementation in ECEC*: Te Whāriki *in international perspective*, Wellington. Retrieved from: www. lead. ece.govt.nz/ManagementInformation/RecentAnnouncements/OECDConference.aspx

Smith, A. B. (2007). Children and young people's participation rights in education, *International Journal of Children's Rights, 15*, 147-164.

Documents referred to or cited

Early Childhood Education Curriculum Framework. Notice in *New Zealand Gazette, 136*, 4 September 2008 (3617-3619).
https://www.dia.govt.nz//Pubforms.nsf/NZGZT/NZGazette136Sep08.pdf/$file/NZGazette136Sep08.pdf#page=28

Kei Tua o te Pae/Assessment for Learning: Early Childhood Exemplars
http://www.education.govt.nz/early-childhood/teaching-and-learning/kei-tua-o-te-pae-2/

Māori Health Models – Te Whare Tapa Whā (Durie, M.H.)
http://www.health.govt.nz/system/files/documents/pages/maori_health_model_tewhare.pdf

Te Aho Matua o ngā Kura Kaupapa Māori. Notice in *New Zealand Gazette, 32*, 22 February 2008 (733-746).
https://www.dia.govt.nz//pubforms.nsf/NZGZT/Supplement_TeAho32Feb08.pdf/$file/Supplement_TeAho32Feb08.pdf

Te Marautanga o Aotearoa (2008)
http://tmoa.tki.org.nz/content/download/1704/14105/file/TMOA%20katoa%20012.pdf

Te Whatu Pōkeka: Kaupapa Māori Assessment for Learning
http://www.education.govt.nz/early-childhood/teaching-and-learning/ece-curriculum/assessment-for-learning/te-whatu-pokeka-english/redownloadpdf

The New Zealand Curriculum (2007)
http://nzcurriculum.tki.org.nz/content/download/1108/11989/file/The-New-Zealand-Curriculum.pdf

....

E tipu, e rea

Photo of the original 'E tipu, e rea' in Sir Apirana Ngata's handwriting, as displayed at Ngata Memorial College. The text is quoted on page 3.

ンガタ記念高校に展示されているアーピラナ・ンガタ卿の e tipu, e rea（与えられた命を強く生きよ）の手書きオリジナルの写真。全文は3ページ（監訳者追記：本書では13ページ）に引用されている。

テ・ファーリキ：2つの道しるべ

前進するためには過去を振り返ろう。
Titiro whakamuri kia anga whakamua.

　ニュージーランドで高く評価され，世界的にも認められているテ・ファーリキ：ヘ・ファーリキ・マータウランガ・モー・ンガー・モコプナ・オ・アオテアロア乳幼児カリキュラム(1996) は，乳幼児教育の全国カリキュラムとしては，早い時期に開発されたものの一つだった。テ・ティリティ・オ・ワイタンギ（ワイタンギ条約）に想定されているパートナーシップ・アプローチを用いて開発されたことは，意義深い。当時の文化的背景を考慮すると，パートナーシップを具現化し，この分野における最先端の思想家のビジョンを実現するカリキュラムの作成は大きな挑戦であった。

　テ・ファーリキの開発は，ワイカト大学のヘレン・メイ博士（Dr. Helen May）とマーガレット・カー博士（Dr. Margaret Carr），ならびにテ・コーハンガ・レオ・ナショナル・トラスト（マオリ語保育園ナショナル・トラスト）のタマチ・ムトゥランギ・リーディ博士（Dr. Tamati Muturangi Reedy）とティリー・テ・コインゴ・リーディ女史（Lady Tilly Te Koingo Reedy）が牽引して行った。開発プロセスの一環として，カー博士（Dr. Carr）とメイ博士（Dr. May）は，多くの乳幼児教育関係者と協議し，リーディ博士（Dr. Reedy）とリーディ女史（Lady Reedy）は，コーハンガ・レオ（マオリ語を指導言語とする乳幼児教育センター）のファーナウ（子育て応援隊），カウマートゥア（長老），一流のマオリの教育専門家などと広くコンサルテーション・フイ（コンサルテーションの集会）を行った。

　これらの協議を経て，ンガー・カウパパ・ファカハエレ（原理）とンガー・タウマタ・ファカヒラヒラ（要素）の観点からカリキュラムが概念化され，ファーリキ（敷物）を中核的なメタファーとして位置づけることとなった。原理（プリンシパル）と要素（ストランド）にはマオリ語と英語の名称がつけられているが，マオリ語と英語はそれぞれ異なる世界観を起源としているため，同義語ではない。コーハンガ・レオ（マオリ語を指導言語とする乳幼児教育センター）の運動の代表者としてリーディ博士とリーディ女史（Reedy & Reedy）は，タオンガ（極めて大切なもの）のカイチアキ（管理者）として彼らの運動に参加した乳幼児教育界全般に，原理（プリンシパル），要素（ストランド），メタファーを進呈した。

　それから20年が過ぎ，テ・ファーリキをリフレッシュすることが適切な時期となった。社会，文化，教育の環境は顕著に変わり，乳幼児教育セクターには，活用可能な実践例や理念，研究成果が豊富に存在するようになった。

　更新後も原理（プリンシパル）と要素（ストランド）は変わらず，今日においても2つの明確なカリキュラムの道しるべを定義する確固たる枠組みとなっている。1つは，伝統的なマオリの考え方と社会文化的な理論立てを統合した二文化の道しるべで，もう1つは先住民の道しるべとなっており，それぞれに独自の教育理論が存在する。2つの文化，1つの枠組み，2つの道しるべという独特のカリキュラムにおいて，両方の道しるべのステータスが同格で独自のマナ（魂・畏敬）を持つことを明確に示すために，教育省は合冊形式＊でテ・ファーリキを出版することとした。

　一体化した文書は，一方が原文で一方が翻訳ということではない。

　テ・ファーリキ：ヘ・ファーリキ・マータウランガ・モー・ンガー・モコプナ・オ・アオテアロア乳幼児カリキュラムは，すべての乳幼児教育関係者を対象としており，テ・ファーリキ・ア・テ・コーハンガ・レオ（マオリ語を指導言語とする乳幼児教育センター向けのカリキュラム）は，テ・コーハンガ・レオ・ナショナル・トラスト（マオリ語保育園ナショナル・トラスト）に加盟しているすべてのコーハンガ・レオ（マオリ語を指導言語とする乳幼児教育センター）を対象としている。

　コーハンガ・レオ（マオリ語を指導言語とする乳幼児教育センター）のカイアコ（保育者）やファーナウ（子育て応援隊）は，改訂版が本物のカウパパ（マオリのアプローチ）や テ・レオ・マオリ・メ・オナ・チカンガ（マオリ語とマオリの習慣）を体現しているとみなし，マオリ語を指導言語とする学びの道すじを強化する活動を，カイアコ（保育者）がサポートする際の指導書として認識してくれるであろう。そして，乳幼児教育関係者は，ことば，文化，アイデンティティがさらに重視されていることと，二文化のカリキュラムを紡ぎ合わせることが何を意味するかということに関する導きが増えていると認めてくれるであろう。

　テ・ファーリキの初版の序文にもあったように，「これはニュージーランドの乳幼児の保育と教育のためのカリキュラムである。乳幼児教育の場では，ティリティ・オ・ワイタンギ（ワイタンギ条約）の双方のパートナーの文化遺産に関する知識や理解を育む機会が，すべての子どもに与えられるべきである。カリキュラムはこのパートナーシップを文章と構成において反映している」。

＊〔監訳者注〕 マオリ語版と英語版の合冊。片側から英語，反対側からマオリ語で書かれて一冊になった本。

第2部 解説編

第7章 テ・ファーリキのカリキュラム・フレームワーク理論と背景
—二文化主義に基づく「マナ」の育成—

1. ニュージーランドの概要

ニュージーランドは，南半球の島国であり，27万534km²（日本の約4分の3）の総面積に約504万人[1]（日本の約25分の1）の人々が暮らす。そこには，豊かな自然と人間が共存する環境がある。

ニュージーランドの政治制度は，英国王を国家元首[2]とする立憲君主制である。慣習法によって独自の一院制議会[3]を有し，議会と連帯する内閣が政権を担っている。ニュージーランドは，1893年に世界で初めて女性が参政権を得た国である。さらに，2013年には同性婚も法律上認められ，さまざまな側面でダイバーシティーを推進している。

民族構成[4]は，欧州系70.2%，マオリ系16.5%，アジア系15.1%，太平洋諸国系8.1%等である。公用語は英語，マオリ語，ニュージーランド手話である。

2. 二文化主義

ニュージーランドの乳幼児教育における重要な理念は，先住民であるマオリ[5]と欧州系移民が培ってきた"二文化主義"である。マオリは，14世紀中頃に東ポリネシア諸島から巨大なカヌーを操り，ニュージーランドに達したとされる。その後，1642年のオランダ人タスマンによる諸島の発見，1769年のイギリス人探検家クックによる南北両島の探検を経て，イギリスを中心とする欧州系の人々による移住が始まる。

1840年には，マオリの酋長たちと英国代表との間で，両者の和合を意図するワイタンギ条約が署名される。しかし，本条約の趣旨は，マオリとその所有する土地を英国に同化していくものであった。翻訳上のずれから，その趣旨を十分に理解していなかったマオリの反乱がすぐに始まる。

1867年には先住民学校法が制定され，マオリを欧州文化に同化させていく教育政策が展開されていく。さらに1903年には，先住民学校においてマオリ語の使用が禁止されるなど，同化政策が強化された。

*1 ニュージーランド統計局発表2019年12月現在。ニュージーランドは自然増と移住などの社会増で年間8万人程度人口が増加している。

*2 2021年現在は英国女王エリザベス二世が国家元首。元首の代理としてニュージーランド総督が任命される。

*3 議員定数120名。労働党と国民党の二大政党に，緑の党をはじめとする少数政党が加わる。2021年現在は労働党が政権を握り，労働党の女性党首ジャシンダ・アーダーンが首相（2017年から）。

*4 2018年国勢調査に基づく。合計が100%を超えているのは，いくつかの民族にアイデンティーを感じる場合に複数回答が認められているためである。

*5 マオリの人権と文化については，平松紘ほか（2000）を参照。

しかし，二度の世界大戦を経た民族主義の流れから，1970年代には従来の同化から共生に政策転換が図られた。1975年にはワイタンギ条約法[6]が制定され，マオリの復権が積極的に進められるようになる。こうして，マオリと欧州の文化をともに尊重していく二文化主義がニュージーランドの基本理念となった。

乳幼児教育に関する政策は，従来の保育所，幼稚園に加えてマオリ語を指導言語とする乳幼児教育センターであるコーハンガ・レオが設置され，マオリ文化を尊重するよう転換された。さらに，1987年にはマオリ語法が成立し，従来の英語に加えてマオリ語が公用語となり，欧州系の子どもたちもマオリ語を公的に学ぶようになった。

3. テ・ファーリキ初版の誕生[7]

ニュージーランドは，世界的にも早い1986年に保育所，幼稚園の管轄を教育省に統一する幼保一元化を果たした。その過程において，保育所，幼稚園に加えてコーハンガ・レオ（マオリ語を指導言語とする乳幼児教育センター），プレイセンター，家庭託児所，院内保育所など，さまざまな施設において活用できる統一的な乳幼児教育カリキュラムの必要性が生まれた。しかし，当時の教育省には，乳幼児教育カリキュラム作成を実行する人的環境や情報が不足していた。そのため1990年9月に教育省は，全国統一の乳幼児教育カリキュラム開発を担う人材を公募することとなった。

カリキュラム開発責任者の選定にあたっては，保育所と幼稚園の意向を中立的な立場から繋ぐこと，さらに，ニュージーランド特有のコーハンガ・レオ（マリオ語を指導言語とする乳幼児教育センター）をはじめとする多様な保育施設の独自性を尊重できること，また，教育省と交渉しつつカリキュラム開発を遂行できること，といった諸条件があった。この条件を満たすとして，保育所協会，幼稚園協会が推薦した人物が，当時ワイカト大学教育学部長であったヘレン・メイ（Helen May）[8]である。幼児教育を専門とするメイは要請に応じるとともに，ワイカト大学の同僚で幼児教育経験者であったマーガレット・カー（Margaret Carr）[9]に，カリキュラム開発チームへの参加を呼びかけた。

さらにメイは，二文化主義に対応するため，マオリ系の乳幼児教育センターを指導するテ・コーハンガ・レオ・ナショナルトラスト（11ページの監訳者注を参照）の最高責任者であったイリタナ・タウィウィランギ（Iritana Tawhiwhirangi）に協力を依頼した。トラストはマオリ側の代表執筆者として，タマティ・リーディ（Tamati Reedy）とティリー・リーディ（Tilly

*6 1975年の「ワイタンギ条約法」は，ニュージーランドの政策上，初めてワイタンギ条約の英語版とマオリ語版の翻訳上のずれを公式に認めた。さらに，ワイタンギ条約に基づくマオリの権利請求を審査する「ワイタンギ審判所」も設置され，マオリの権利回復が積極的に推進された。詳しくは内藤（2008）を参照されたい。

*7 テ・ファーリキ初版の成立過程については，One（2013），飯野（2014）などを参照。

*8 ヘレン・メイ（1947-現在）：ニュージーランド幼児教育学の草分け的存在。20代に5歳から6歳児を対象とする就学前クラスにおいて教育経験を積み，その経験をベースに研究を展開。ワイカト大学の後にオタゴ大学でも研究に従事し同大名誉教授。

*9 マーガレット・カー（1941-現在）：子どもの学びのアセスメント法であるラーニング・ストーリーの理論的実践的な提唱者。「学びへの構え（learning dispositions）」に関する先駆的な研究で知られる。ワイカト大学名誉教授。

Reedy)＊10を，マオリ系の教育思想を十分に表現できる人物として推薦した。
　このような二文化主義の流れの中で，1996年に乳幼児教育に関するナ
ショナル・カリキュラムとしてテ・ファーリキが策定される。以上のよう
な作成過程については，飯野祐樹の研究に詳しい。飯野が行った代表執筆
者らへのインタンビュー調査によると，テ・ファーリキ初版は，欧州系と
マリオ系の代表執筆者の協同によって作成されたが，その過程ではマオリ
系が主導し，欧州系の価値観を内包するかたちでカリキュラムが開発され
たという。

4. テ・ファーリキのカリキュラム・フレームワーク

　二文化主義によって開発されたテ・ファーリキは，マオリの教育思想に
欧州系の発達理論が融合するという独自のカリキュラム・フレームワーク
を生み出した。それは，以下の4つの原理（プリンシパル）と5つの要素
（ストランド）を織り合わせた敷物（ファーリキ）として，乳幼児教育を創
り出す教育計画の基本的な枠組みである。テ・ファーリキのカリキュラ
ム・フレームワークは，1996年初版において提示され，2017年改訂版も
同じ枠組みを堅持している。

原理（プリンシパル）
　1.エンパワメント〈ファカマナ〉
　2.ホリスティックな発達〈コタヒタンガ〉
　3.家族とコミュニティー〈ファーナウ・タンガタ〉
　4.関係性〈ンガー・ホノンガ〉

要素（ストランド）
　1.ウェルビーイング〈マナ・アトゥア〉
　2.帰属感〈マナ・フェヌア〉
　3.貢献〈マナ・タンガタ〉
　4.コミュニケーション〈マナ・レオ〉
　5.探究〈マナ・アオトゥーロア〉

　原理（プリンシパル）は，乳幼児教育を創り出す保育者側の基本原則で
ある。例えば，日本の保育・幼児教育における「環境を通して行う教育」
「幼児期にふさわしい生活の展開」「遊びを通しての総合的な指導」「一人
ひとりの発達の特性に応じた指導」と同様の基本原則を意味する。テ・フ

ファーリキでは，4つの原理（プリンシパル）が提示されている。4つの原理（プリンシパル）は，乳幼児教育を展開する際に保育者の意思決定の拠り所となる。詳細は後述する。

　要素（ストランド）は，子どもたちの学びと発達を説明するための領域（エリア）に相当する。日本の保育・幼児教育における保育内容5領域（健康，人間関係，環境，表現，言葉）と近い概念である。しかし，領域（エリア）ではなく要素（ストランド）と表現されている点に注意が必要である。ストランドの語源は，織物における「より糸」であり，同じ質の糸が束になり，より強く太い糸になることを意味する。乳幼児教育においては，同じ質の経験が束になり，より深く広い経験を創造することを表す。

　テ・ファーリキの原理（プリンシパル）と要素（ストランド）は，マオリの教育思想の影響が強く，マオリ語と英語がそれぞれ密接に関連しつつ統合することで，広がりのある独自の理論を提供している。

　テ・ファーリキは，マオリ語で織り込まれた「敷物」を意味し，乳幼児教育に関する次の3つの側面を象徴している。まず，敷物を紡ぐ人々には知識，スキル，時間，共同性，芸術性が必要であり，乳幼児教育に携わる"カイアコ（保育者）"に必要な力量を象徴している。さらに，丁寧に紡ぎ上げられた敷物は，成長を続ける"子ども"を象徴し，身体，知性，魂，心が総合的に織り込まれた豊かな人格を示す。そして，足元にある敷物は，人格形成を支える人・場所・モノと子どもとを紡ぎ合わせる"環境"を象徴する。テ・ファーリキに象徴される敷物は，単にある場所に置かれた静的な敷物を意味するのではなく，一人ひとりの子どもたちの足元に常に存在し，ともに移動しながら，カイアコ（保育者）・環境・人を繋ぎ合わせる動的な敷物を象徴している。

5. テ・ファーリキ2017年版の改訂過程

　1996年に誕生したテ・ファーリキは，ニュージーランドの乳幼児教育に関わる人々に広く受け入れられるとともに，世界が注目する乳幼児教育カリキュラムの1つとしてOECD（経済協力開発機構）でも高く評価された[11]。また，筆者らが現地で行ったインタビュー調査においても，ニュージーランド保育関係者はそろって，テ・ファーリキ独自のカリキュラム・フレームワークとそれに基づく保育実践に「誇り」を有していた[12]。保育者によってはテ・ファーリキを，「私たちの大切な宝」と表現しリスペクトしていた。

　しかし，近年の公的資金投入の説明責任を求める傾向や，エビデンスによって教育政策を評価する流れから，ニュージーランド国内においても

*11　二文化主義を乳幼児カリキュラムにおいて実現したことや，4つの原理と5つの要素を交差する斬新なカリキュラム・フレームワークなどが評価されている。OECD（2004）を参照。

*12　大橋ほか(2018)を参照。

「テ・ファーリキは本当に子どもたちの学びを促進しているのか」「テ・ファーリキの見直しが必要ではないか」など，従来にはなかった批判がテ・ファーリキに向けられた[13]。特に，テ・ファーリキが重視する子どもが主体的に遊びや環境を選択していく乳幼児教育が，就学後の読み書き算の能力形成に寄与しているか論争になった。

ニュージーランド教育省は，これらの声に応えるかたちで，テ・ファーリキの改訂作業を始めた。そして，テ・ファーリキに誇りを持つ保育関係者に配慮し，1996年初版を担当したヘレン・メイ，マーガレット・カー，タマティ・リーディ，ティリー・リーディを顧問に指名し，テ・ファーリキ初版にリスペクトを示しつつ，改訂作業をスタートした。

改訂作業が開始された当初は，読み書き算の直接指導が重視され，テ・ファーリキの理念が後退することを心配する保育者が多かった[14]。しかし，ニュージーランド教育省が発表した改訂案は，4つの原理（プリンシパル）と5つの要素（ストランド）を織り合わせた敷物（ファーリキ）として，乳幼児教育を創り出すカリキュラム・フレームワークを堅持した。さらに，現代的な課題に対応しつつも，記述をシンプルにすることで，保育者が使いやすい乳幼児教育カリキュラムへの改訂を進めた。結果として，ニュージーランド保育関係者は，テ・ファーリキが現代的かつ実用的に「リフレッシュ」されたと前向きにとらえた[14]。

<table>
<tr><td>6.</td><td>主な改訂点</td></tr>
</table>

6. 主な改訂点

1996年版と2017年版を比較すると，以下のような変更がなされている。

（1）二文化主義の強化[15]

1996年版は，英語91頁とマオリ語8頁を合わせて一体化したテ・ファーリキが編纂された。しかし2017年版は，テ・ファーリキ（英語69頁）とテ・ファーリキ・ア・テ・コーハンガ・レオ（マオリ語41頁）が別々に作成され，2編が独立を保ちつつ1冊のカリキュラムとして印刷された。この2編は，マオリ語版を英語に翻訳したものでも，英語版をマオリ語に翻訳したものでもない。4つの原理（プリンシパル）と5つの要素（ストランド）を共有しつつ，それぞれ独自に編纂されている。なお本書の全訳編は，テ・ファーリキ（英語69頁）の日本語訳である。

（2）多様性の尊重

2017年版では，マオリとの二文化主義だけでなく，太平洋圏のパシフ

*13 Blaiklock (2013) を参照。

*14 大橋ほか (2018) を参照。

*15 2017年版において，英語版とマオリ語版がそれぞれ独立したことの評価については，二文化主義の強化と評価される一方で，1996年版テ・ファーリキでは一体であったものが分化し，二文化主義が後退したとの見方もある。飯野 (2018) を参照。

ィカ，アジア系など多民族の尊重，さらに，ジェンダー，家族構成，価値観，経済状況，宗教などの多様性を網羅するダイバーシティー，あらゆる子どもたちを包み込むインクルーシブといった乳幼児教育の新しい方向性も示された。

（3）簡素な記述への変更

1996年版は英語91頁であったが，2017年版は英語69頁となり，全体を通して簡素な記述に変更された。特に「学びの成果（ラーニング・アウトカム）」については，1996年版の118項目から20項目に精選された。これは，重視する学びの成果を絞り込むとともに，乳幼児教育の目標を明確にして，目標に準拠した学びの成果を明確に保育者に求めるものになっている。

（4）カイアコ（保育者）の責任の明確化

2017年版では，従来のアダルト（大人）という表現に代わって，全体を通してカイアコ（保育者）という表現が使用されている。これには2つの意味があると考えられる。まず，マオリとの二文化主義に基づく乳幼児教育カリキュラムであるテ・ファーリキを運用する特別な思いをニュージーランドの保育者に持たせるため。さらに，就学後の教育を担うティーチャー（教師）との繋がりを重視しつつ，乳幼児教育を担う保育者の独自性を尊重するためである。

（5）就学後カリキュラムとの接続の重視

2017年版では，テ・ファーリキと就学後教育カリキュラムである「ニュージーランド・カリキュラム」，およびマオリの就学後教育カリキュラムである「テ・マラウタンガ・オ・アオテアロア」の結びつきが記載されている。テ・ファーリキの5つの要素（ストランド）それぞれの「学びの成果」に就学後教育カリキュラムの学習領域がどのように関連するのかが表として掲載されている。

7. テ・ファーリキの子ども観

テ・ファーリキの子ども観は，欧米流の子ども中心主義にマオリの子ども観が融合し，さらに，発達心理学の知見が加わる独特の成り立ちをしている。欧米流の子ども中心主義については，「すべての子どもは計り知れない可能性を持って生まれてくる」「すべての子どもがその子独自の方法で学ぶことを奨励している」といったテ・ファーリキの言葉に，子ども中

心主義の教育思想の影響を読み取ることができる。しかし，テ・ファーリキには，欧米流の子ども中心主義についての引用はない。

それに代わって，マオリの子ども観が直接引用されている。例えば，1996年の初版からテ・ファーリキの編纂に携わったリーディによる「マオリの伝統では，子どもは受胎，出生，そして時が始まる前からマオリの世界の大切な一員だったとされる。子どもたちは，神々の故国であるランギアーテアから旅を始めた。この世に生まれ，必ず存続できるように，大切な種のように育てられ，自己の大切さを認識することを繰り返し教えられている」（15ページ）という言葉が，2017年改訂版に直接引用されている。マオリの子ども観は，出生時から子どもを社会の成員として尊重しつつ，種のようにその子らしい芽を育て，花が咲くように大切に育てるべき存在ととらえている。さらにテ・ファーリキにおいては，子どもたちを社会の成員である「市民」として育成することが明記されている[*16]。

さらに，発達心理学の知見については，ブロンフェンブレンナーの生物生態学的モデル（76ページの監訳者注を参照），ヴィゴツキーやブルーナーの社会文化理論（77ページの監訳者注を参照）が，テ・ファーリキの背景をなす理論となっている。

生物生態学的モデルについては，「子どもたちの学びは，家族，コミュニティー，より広い地域，国，世界などのさまざまな影響がある入れ子のような環境や関係の中にある」（76ページ）という言及が象徴的である。つまり，子どもは個別の存在として環境と独立して発達するのではなく，環境との直接的な相互作用および間接的な影響によって発達を遂げていくという考え方である。

また社会文化理論については，「遊びは子どもたちが周囲の友だちや大人とふれあう中で，新しい役割やアイデンティティを試す重要な手段である」（77ページ）という言葉が象徴的である。これは，特にヴィゴツキーによる発達の最近接領域論の影響がうかがえる。発達の最近接領域とは，子どもが一人でできることと，一人ではできないことの間，つまり，発達の最前線を意味する。カイアコ（保育者）がそれぞれの子どもたちの，各要素における発達の最近接領域を見抜き，そこを重点として支援をしていく。

[*16]　市民性（シティズンシップ）については，いくつかの先進的な国では，幼児期からの教育が展開されている。例えば，アメリカ合衆国については中原（2015）を参照。

8. 4つの原理（プリンシパル）の意図

（1）原理1：エンパワメント〈ファカマナ〉

「エンパワメント」には，日本語にできない多様な意味がある。テ・ファ

ーリキの文脈では，子どもたちが潜在的な能力を発揮する環境をカイアコ（保育者）が創り出すことを意味する。「エンパワメント」は，マオリ語[17]ではファカマナ（WHAKAMANA）[18]の言葉が与えられているが，これは「先祖から受け継ぐ魂」といった意味がある。テ・ファーリキでは，日本の保育でも重視される「主体的な活動」「自発的な活動」の源にあるスピリチュアルな魂（MANA）にまで働きかけることを第一の原理に掲げている。

*17　本節のマオリ語の日本語訳については，Williams（2018）のマオリ語・英語辞典を参照するとともに，適宜，現地の関係者に確認をした。

*18　1996年版の作成当初，マオリ側の代表執筆者はファカマナを最も重要な原理に位置付けていた。詳しく飯野（2014）を参照。

写真7-1　エンパワメント（口絵1参照）
エンパワメントの原理によって，保育者は子どもの笑顔，探究心，集中力等を引き出せる環境構成を行う。

（2）原理2：ホリスティックな発達〈コタヒタンガ〉

　「ホリスティックな発達」は，人間の発達を部分ではなく全体的にとらえ，1つの人格として成長させようとする保育の原理である。ホリスティックな発達は，マオリ語ではコタヒタンガ（KOTAHITANGA）の言葉が与えられているが，これは「1つに組み立てられるべき」といった意味がある。コタヒタンガは，スピリチュアルな魂（MANA）をベースに，子どもたちの認知，身体，感情が密接に関連した1つの総体として育成することを原理としている。

写真7-2　ホリスティックな発達（口絵2参照）
ホリスティックな発達の原理によって，保育者は子どもの認知能力，身体能力，非認知能力などの成長をトータルに促していく。

（3）原理3：家族とコミュニティー
〈ファーナウ・タンガタ〉

　「家族とコミュニティー」は，家族や同じコミュニティーの人々ととも
に保育を展開することを意味する原理である。「家族とコミュニティー」
は，マオリ語ではファーナウ・タンガタ（WHĀNAU TANGATA）の言葉
が与えられている。これは「家族と人々」といった意味がある。子どもた
ちは，家族やコミュニティーの「人々」との相互作用によって成長する。
テ・ファーリキでは，カイアコ（保育者）が家族，地域の人々と協働して
乳幼児教育を展開することを原理としている。

写真7-3　家族とコミュニティー（口絵2参照）
　家族とコミュニティーの原理によって，保育者は子どもの家族，地域の人々・環境・文化との協働によって
保育を創っていく。

（4）原理4：関係性〈ンガー・ホノンガ〉

　「関係性」は，子どもたちと人，場所，モノを繋げていくとともに，過
去，現在，未来と関係づけていく保育の原理である。「関係性」は，マオ
リ語ではンガー・ホノンガ（NGAHONONGA）の言葉が与えられている。
これは「繋がりに興味を持たせる」といった意味がある。テ・ファーリキ
では，カイアコ（保育者）が，地図，ことば，ジェスチャーといった多様な
文化ツールを用いて，人間，空間，時間と子どもたちを関係づけていく。

写真7-4　関係性（口絵3参照）
　関係性の原理によって，保育者は，子どもの人間関係，場所との関係，モノとの関係を空間的にも時間的に
も広げていく。

9. 5つの要素（ストランド）の意図

（1）要素1：ウェルビーイング〈マナ・アトゥア〉

　「ウェルビーイング」は，子どもたちの心身の健康が中心であるが，社会的な幸福，神聖なものと繋がる作法なども含む幅広い要素となっている。日本の保育内容「健康」に近い要素であるが，本書では，領域「健康」よりも多様な意味があることを考慮して，英語の「Wellbeing」をそのままカタカナ表記にしている。「ウェルビーイング」には，子どもたちが幸福感とレジリエンス感を成長させていくためのさまざまな要素を含む。特にレジリエンスは，近年注目されている非認知能力の1つであり，折れない気持ち，やり遂げる力といった意味がある。

　「ウェルビーイング」は，マオリ語ではマナ・アトゥア（Mana Atua）の言葉が与えられている。これは「神聖なものへの畏敬」といった意味がある。マオリ伝統の作法を守ることが，神聖なものへの繋がりを促進し，そのことが危害を避け，子どもたちの心身の健康を支える源になるといったニュアンスがある。

写真7-5　ウェルビーイング（口絵4参照）
　ウェルビーイングの要素によって，子どもは心身の健康を促進させるとともに社会的に大切にされている安心感や神秘的な事柄を尊重する気持ちを抱く。

（2）要素2：帰属感〈マナ・フェヌア〉

　「帰属感」は，子どもたちが乳幼児教育の場において，一人ひとりが尊重され，ありのままの自分でいられる居場所を感じる要素である。帰属感は，日本の保育内容「環境」と「人間関係」を合わせた要素に近いが，マオリ特有の思想の影響が強く，単純な比較が難しい要素である。英語では「Belonging」と表記され，先行研究では「所属」といった訳語もある[19]。

　「帰属感」には，マオリ語でマナ・フェヌア（MANA WHENUA）の言葉

＊19　大宮（2010）191ページの図では，5要素は「幸福」「所属」「貢献」「コミュニケーション」「探究」となっている。

が与えられている。これは「土地への畏敬」といった意味がある。マオリにとって，土地，家族，愛情をセットにした部族意識が，帰属感の基盤である。特に家族については，血縁と地縁で結ばれた拡大家族を意味するファーナウの言葉が多用されている。本書では，ニュージーランド現地における乳幼児教育施設の実態調査をふまえて，拡大家族より広範囲な人々が子育て支援に関わっていることから，ファーナウに「子育て応援隊」の表記を施した。

写真7-6　帰属感（口絵5参照）

　帰属感の要素によって，子どもは家族や祖先との繋がり，保育施設における安心できる居場所づくり，自分自身の学びの物語を創っていく。

（3）要素3：貢献〈マナ・タンガタ〉

　「貢献」は，子どもたち一人ひとりが自己肯定感を持ち，乳幼児教育の場における学びのコミュニティーに参加し，自分らしい役割を発揮していく要素である。日本の保育内容「人間関係」に近い領域であり，貢献の基盤となる，自己と他者の尊重（Respect）と応答性と役割に基づく責任（Responsibility）の2つのRの育成を目指す要素となっている。「貢献」には，マオリ語でマナ・タンガタ（MANA TANGATA）の言葉が与えられている。これには，「人々への畏敬」といった意味がある。

　「貢献」は，「個人の尊重」「多様性の尊重」「責任」「公平性」といったリベラル・デモクラシー社会の基盤と，先祖から続く過去・現在・未来の時間的な繋がりや人々の空間的繋がりといったマオリ文化の基盤を融合したニュージーランド独特の二文化主義に基づく要素となっている。この要素はまずカイアコ（保育者）が，乳幼児教育施設を自由で平等な多様性が尊重される社会的空間として整えて，その中で，子どもたちが生き生きと自己の役割や責任を果たし，よりよい社会的空間づくりに貢献していくことを目指す。

写真7-7　貢献（口絵6参照）

　貢献の要素によって，子どもは個人として尊重される環境をベースに，自分自身の役割や責任を果たすことによって，より良い学びと園生活に貢献を行う。

（4）要素4：コミュニケーション〈マナ・レオ〉

　「コミュニケーション」は，言語（バーバル）と非言語（ノンバーバル）を活用した他者との相互作用や自己表現に関する要素である。日本の保育内容「言葉」と「表現」を合わせた領域に近い要素である。言語コミュニケーションには，単語，文章，物語，発語といった要素がある。非言語コミュニケーションには，手話，絵画，身体表現，造形表現などがある。テ・ファーリキは，子どもを「有能かつ効果的なコミュニケーションの担い手」と考えており，内なる気持ちや感情を言語・非言語を問わず，あらゆる手段で出力する能力の育成を重視している。

　「コミュニケーション」には，マオリ語でマナ・レオ（MANA REO）の言葉が与えられている。これには「マオリのことばを尊重する」といったニュアンスがある。ここでいう「ことば」には，マオリ語とマオリの非言語的な記号，ダンス，絵画なども含まれている。

写真7-8　コミュニケーション（口絵7参照）

　コミュニケーションの要素によって，子どもは内なる気持ちや感情を言語・非言語を問わずあらゆる手段で表現し，他者との相互作用や相互理解を進めていく。

（5）要素5：探究〈マナ・アオトゥーロア〉

　「探究」は，子どもたちが科学者のように，自然，社会，物的世界，精神世界といったあらゆる環境の不思議を，なぜ，どうしてと研究するための要素である。日本の保育内容「環境」に近い要素である。英語では

「Exploration」と表記される。先行研究においては「探究」と「探求」の2つ訳語が存在する。「探究」は，不思議を深く掘り下げこだわって研究する「リサーチ」のニュアンスが強い。また「探求」は，獲物を追って狩をする場合のように探検するといったニュアンスがある。

　探究は，マオリ語ではマナ・アオトゥーロア（MANA AOTUROA）の語が与えられている。これは，「太陽の光に対する畏敬」といった意味があり，不思議なことに光を当て，よく観察し，その本質をつかんでいくリサーチ（再び照らすこと）を重視した要素である。

写真7-9　探究（口絵8参照）
探究の要素によって，子どもは科学者のように「なぜ，どうして」と
研究活動を行うとともに，探検家のように地域を探索し，冒険を行う。

10. まとめにかえて―マナを育てる敷物―

＊20　テ・ファーリキ2017年版の5要素と日本の保育内容5領域との比較については，平松美由紀ほか（2021）を参照。

　以上のように，テ・ファーリキの5つの要素[20]を確認すると，マオリ語では5つの要素すべてにマナ（MANA）の表記がなされていることがわかる。このマナという言葉は，テ・ファーリキの保育のひみつを探る上で，最も重要な鍵概念である。

　マナはマオリ語において「神聖な力」を総称する大きな概念である。それは，① 子ども自身が有する魂，主体性，秘められた能力，② 人々が畏怖・畏敬する権力，権威，聖なる力，③ 人・モノ・場所・社会が有する力への信頼といった意味が混在している。

　現地調査において筆者が感じたのは，ニュージーランドの保育者は，それぞれの子どもの「マナ」を引き出すために，コーナー遊びを中心とする環境構成に徹底したこだわりを有していることである。子どもの興味・関心，現在成長中の「マナ」は，それぞれ違う。よって子どもたちが遊びや遊ぶ仲間を選択できる多様な環境を保障する。

　具体的には，できるだけ多くの遊びのコーナーを設定し，自由遊びを中心とする保育を展開する。その遊びの中で展開される各々の子どもの学び

の物語は異なる。そのためラーニング・ストーリー＊21として，保育の個人記録を作成し，子ども，家族，保育者が共有しながら「マナ」の成長を図っていくわけである。

　ニュージーランドの保育者が子どもたちの「マナ」を引き出していく道しるべとなるのがテ・ファーリキである。テ・ファーリキの4原理と5要素は，多様な乳幼児教育の展開を可能にする緻密でありながら，おおらかな敷物である。それは，あらゆる子どもをありのままに包み込み，それぞれの子どもが人生の主役として，自分らしく歩むための道しるべとなる。

＊21　詳しくは，本書の第8章を参照。
　なお，ニュージーランドでは満5歳になると小学校に入学できることから，入学日が子どもによって異なる。そのためラーニング・ストーリーが重要な記録となる。

参考文献

・Blaiklock, K.：Yes, we do need evidence to show whether Te Whāriki is effective: A reply to Anne Smith's discussion paper, "Does Te Whāriki need evidence to show it is effective?., *Journal of childhood, Education & Society*, 2013.

・OECD：Five Curriculum Outlines: Starting Strong, Curricula and Pedagogies, *Early Childhood Education and Care*, 2004.

・One, S.T.: Te Whariki: Historical accounts and contemporary influences 1990-2012, *Weaving Te Whariki 2nd ed.*, NZCER Press, 2013.

・The Ministry of Education, New Zealand：*Update of Te Whariki: Report on the engagement process*, 2017.

・Williams, H.W.：*M. A, Dictionary of the Maori Language*, Printlink Wellington, 2018.

・飯野祐樹：ニュージーランド就学前統一カリキュラムTe Whariki（テ・ファーリキ）の作成過程に関する研究—関係者へのインタビュー調査を通して—，保育学研究 第52巻第1号，2014.

・飯野祐樹：ニュージーランド幼児教育政策における「質保障」「質評価」の展開過程に関する研究—テ・ファーリキと歩んだ20年に焦点を当てて—，保育学研究 第56巻第1号，2018.

・大橋節子・内田伸子・上田敏丈・中原朋生：ニュージーランド保育関係者は2017年テ・ファリキ改訂をどのように捉えたか，チャイルド・サイエンス 第16号，2018.

・大宮勇雄：学びの物語の保育実践，ひとなる書房，2010.

・自治体国際化協会：ニュージーランドにおける子育て支援政策〜乳幼児保育政策を中心に〜，Clair Report No.450，2017.

・鈴木佐喜子：ニュージーランドにおける保育カリキュラム「テ・ファリキ」の改定と改定作業プロセス（国際的研究動向），保育学研究 第56巻第2号，2018.

・内藤暁子：〈土地の人〉と〈条約の人〉—ニュージーランド「国民」形成におけるワイタンギ条約の意義，文化人類学 **73**巻3号，2008.

・中原朋生：現代アメリカ立憲主義公民学習論研究—憲法規範を基盤とした幼稚園から高等学校までの子どもの市民性育成—，風間書房，2015.

・七木田 敦：ニュージーランドにおける就学前教育改革について—幼保の一元化からカリキュラム策定まで—，保育学研究 第**43**巻第2号，2005.

・平松 紘ほか：ニュージーランド先住民マオリの人権と文化，明石出版，2000.

・平松美由紀・長谷浩也・楢嵜日佳・川瀬 雅・趙 秋華：ニュージーランド保育指針「テ・ファーリキ」における5要素の考え方—日本の保育内容5領域との比較から—，環太平洋大学紀要 第18号，2021.

・マーガレット・カー，大宮勇雄・鈴木佐喜子訳：保育の場で子どもの学びをアセスメントする—「学びの物語」アプローチの理論と実践—，ひとなる書房，2013.

第8章

学びの物語
—ラーニング・ストーリーによる保育記録と園の実例—

ニュージーランドの保育では「過去の思い出があってもよい。しかし英知は，未来に向けた機会を準備する能力から生まれるのである」（33ページ）という考え方に基づき，学びの物語：ラーニング・ストーリーを紡いでいる。ラーニング・ストーリーは，子ども一人ひとりの学びを振り返り，「思い出」を「英知」に変える手段である。

1. テ・ファーリキのアセスメント（保育評価）の考え方

ラーニング・ストーリーは，子どもの遊びや生活を記録して，カリキュラム・プランニング（指導計画）に照らして保育の中でのことばがけや環境設定が子どもの発達に適応的か妥当かを振り返り，明日のエデュケアの質の向上に役立てる。ラーニング・ストーリーは，保育の質の向上を達成するための形成的評価の手段である。

（1）アセスメントによる学びの可視化

アセスメント（保育評価）によって一人ひとりの子どもの学びが可視化される。保育者（日本では幼稚園教諭，保育士，保育教諭をいう。保育実習生も含まれる）はアセスメントを用いて，子どもが何を知っていて，何ができ，何に興味を持っているかを認識し，子どもたちの発達の進み具合を確認し，新たな学びの環境づくりへの示唆や，さらなる援助が必要になりうる要素等を把握する。

アセスメントは，カリキュラム・プランニングや学びの充実化を支える形成的（formative）なものである[*1]。アセスメントは，子どもの継時的・連続的な学びや発達の過程を，子どもたち，ファーナウ（子育て応援隊），家族，他の保育者，外部の援助機関などに伝える手段でもある。互恵的で応答的な保育実践では，年長児も自分の学びの計画を立てたり，学びの成果のアセスメントに参加できる。

図8−1に示すように，第1に，カイアコ（保育者）は子どもを見守り，

*1 評価は「形成的評価（formative evaluation）」と「到達度評価（achievement evaluation）」に分かれる。
形成的評価は，保育者の保育を評価し，課題や改善点を見出し課題解決の方針を立てるための評価である。保育の評価は形成的評価である。PDCAサイクルを循環させ保育の質を高めていく。
一方，到達度評価は，子どもがどこまで到達したかを評価するもので，小学校以降の評価で使われることが多い。

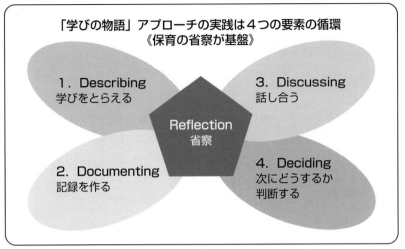

図8-1　アセスメント（評価）のプロセス

資料）上垣内伸子：ドキュメンテーション作成のワークショップ（提案資料），十文字学園
　　　女子大学保育科学講座，2018 に基づき作成.

子ども（子どもたち）の学びをとらえる。第2に，記録（個人の記録と園全
体の記録）を作る。第3に，この記録に基づく話し合い（保育カンファレン
ス）をする。カリキュラム・プランニングに照らして，子どもが何を学ん
だかをアセスメントする。第4に，子どもの将来（短期と長期）の成長を予
測しながら，保育環境や援助について改善点を判断する。この4つのフェー
ズを循環させ，保育を改善する。いわゆるPDCAサイクル*2 を循環させ，
日々の保育の質を向上させるのである。

（2）アセスメントの種類

　アセスメントには日常的なアセスメント（informal assessment）と公式
のアセスメント（formal assessment）がある。

1）日常的なアセスメント

　カイアコ（保育者）が日常行うアセスメントである。子どもの日常的な
体験や行事などに関わっている時，子どもたちの会話に耳を傾け，活動の
様子を観察し，保育者自身も遊びに参加し，対応しながら行う。このアセ
スメントによって，子どもが短期・長期の目標を達成するよう，援助や保
育環境を改善している。

2）公式のアセスメント

　公式のアセスメントでは，保育者は子どもの遊びや活動を観察し，文書
として記録する。この記録がラーニング・ストーリーである（図8-2）。
主に幼児期（乳児期からの記録を含める場合もある）のラーニング・ストー
リーを個人ごとにファイルしたものを「ポートフォリオ（portfolio）」と呼

*2　保育のPDCA
サイクル：P（Plan：
指導計画）D（Do：
保育実践）C（Check：
保育評価）A（Action：
よりよい保育実践）
を循環させることで
ある。保育のPDCA
サイクルをよく循環
させることによって
保育の質の向上をは
かる。

「Stories Of Children's Learning」

個人のラーニング・ストーリー
壁に掲示して，子どもも保護者も
保育者も閲覧できる。

学びの振り返り
「今学期，私たちは保育園や自然
環境の中で何を探究し，学んでき
たか」を手書きで記入できるよう
にしている。

図8-2　子どもたちのラーニング・ストーリー

資料）大橋節子・内田伸子・上田敏丈・中原朋生：ニュージーランド保育関係者は2017年
テ・ファリキ改訂をどのように捉えたか，チャイルド・サイエンス，**16**，41-46，2018.

３〜５歳の子どもも一人ひとりのラーニング・ストーリーを
ファイルにまとめた冊子
※壁には過去１か月の子どもたちのラーニング・ストーリーが展示
されている。

図8-3　玄関わきの「ポートフォリオ」ボックス

資料）大橋節子・内田伸子・上田敏丈・中原朋生：ニュージーランド保育関係者は2017年
テ・ファリキ改訂をどのように捉えたか，チャイルド・サイエンス，**16**，41-46，2018.

び，就学前施設での生活や遊びの履歴を蓄積する（図8-3）。

　写真や録音，録画を撮り，子どもたちの作品を集めることもある。アセスメント情報は，時間をかけて集める。このように時間をかけて集めたアセスメント情報を分析することで，保育者は子どもの能力の発達・変化をたどり，将来の学びのための道のりの可能性を検討し，子どもの発達過程や状況を踏まえてカリキュラム・プランニングを見直し，保育環境，子どもへの援助やことばがけを構想する。

（3）アセスメント情報

　ラーニング・ストーリーは物語形式で記録される。ラーニング・ストーリーに基づくアセスメントでは，表8-1の上段に示したように，価値ある学びに気づく，認識する，対応する，記録する，見直すなどの一連の過程で行われる。表8-1の下段には，ラーニング・ストーリーの作成に大人〔カイアコ（保育者）やファーナウ（子育て応援団）〕の肯定的なまなざしが不可欠であることを示している。

表8-1　ラーニング・ストーリーによる公的アセスメント情報

Notice	気づく／注目	記録する
Recognition	理解／認識（省察）	分析する
Respond	反応／対応	応じる
Share & Comments	保育者・子ども・保護者と共有する	

ラーニング・ストーリー作成の不可欠な視点 「大人の肯定的なまなざし」
（1）大人の役割は，教えるのではなく，子どもが学ぶことを支えること。
（2）今，ここで何が子どもの中に育っているのかをとらえる視点が重要。
（3）ラーニング・ストーリーに，子どもが何を学んだか，育っているのかをとらえて記述し，園と家庭（保護者や親戚）と子ども自身と分かち合うことが欠かせない。
（4）子ども自身が育ちの当事者（主人公）となる記録。
（5）ラーニング・ストーリーを作成するうえで最も大事な点は，子どもの進歩発達をとらえ，明日（将来）の成長までを洞察しながら保育環境や援助を改善していくこと。

資料）大橋節子・内田伸子・上田敏丈・中原朋生：ニュージーランド保育関係者は2017年テ・ファリキ改訂をどのように捉えたか，チャイルド・サイエンス，**16**，41-46，2018.

　ポートフォリオは，公式のアセスメントに用いたラーニング・ストーリーや子どもの制作物等，就学前の学びの履歴のアセスメント情報である。カイアコ（保育者）が子どもたちの進歩や関心の変化をとらえるための有益な手段となる。ポートフォリオには，注釈つきの写真，子どもの作品，子どものことばや会話を文字起こしした記録，カイアコ（保育者）の所見，保護者やファーナウ（子育て応援隊）のメモや提案なども含まれている。

年長の子どもたちは，自分で写真を撮り，自分の作品に関して話をし，その話をカイアコ（保育者）やファーナウ（子育て応援隊）に書き留めてもらうこともある。

　子どもたちは自分や友だちのポートフォリオを見て，さらなる学びに繋がるような対話が起こる。この対話を通して，自分自身や仲間の学びを振り返る。年長児は，カイアコ（保育者）やファーナウ（子育て応援隊）とともに，自分自身の学びを計画する。

（4）保育カンファレンス

　形成的評価の中核的な要素は，就学前施設の保育者（保育実習生も含む）全員が参加する保育カンファレンスである。保育者は，日常的なアセスメント情報（保育メモ）や公式のアセスメント（ラーニング・ストーリーやポートフォリオ）を踏まえて一人ひとりの子どもの学びやこれまでの進歩発達，次のステップの選択肢，さらなる援助が必要か否かなどの確認をすることで，保育の質の向上をはかる。

2. ラーニング・ストーリーの実態

　筆者らはテ・ファーリキが改訂された直後に，第三者評価が高い「就学前施設（幼稚園・こども園・保育園）」を訪問調査した。調査資料のうち，各就学前施設でラーニング・ストーリーをどのように作成しているか，保育のアセスメントをどのように行っているかに焦点をあてて分析したところ，ラーニング・ストーリーは，どの就学前施設でもアセスメント情報として作成していること，しかし，ラーニング・ストーリーの作成の仕方は各施設の裁量にまかされており，施設の設置目的や子どもの家庭階層，地域共同体の特徴に適合的なものとなっていることが明らかになった。地域や設置目的の異なる就学前施設ごとのラーニング・ストーリーの実態を素描してみよう。

（1）ハリエット・ヴィネ幼稚園（Harriette Vine Kindergarten）

1）園 の 規 模

　3～5歳40名，保育者4名。異年齢保育：テ・ファーリキ2017年改訂版のミッションをこの園の環境に合わせて翻案してカリキュラム・プランニングを立てている。一人ひとりの活動の計画とグループ活動の計画を立てる。すべて子どもたちの関心に合わせて複数のプログラムの選択肢を用

意して，子どもが自分の関心や興味に合わせて遊びを選択できるようにしている。例えば「ポッサム森探検プロジェクト」では，① 生き物（ウサギ・毛虫・他の生き物・ヒツジやウシ）に触れるプロジェクト，② ピクニックでフルーツタイムを楽しむ，③ ポッサム[*3]を探すプロジェクト等3つの選択肢が用意されていた。

＊3　**ポッサム**：おもに樹上に生息する小型の動物である。カンガルーの仲間で有袋類。

2）ラーニング・ストーリー

① 　ビデオ，iPad，テープレコーダー，写真などを補助資料にして子どものつぶやきや保育者のことばがけ・援助を記録し，スタッフ・ミーティングでピアレビューを受ける。ラーニング・ストーリーをまとめてポートフォリオの冊子を作り，園のコーナーに配列している。

② 　日常的なアセスメント：ファーナウ（子育て応援隊）がiPadで子どもの遊びを記録していた。これにならい，保育見学中の筆者らも日常的なアセスメント情報となる発話記録を作成した。図8-4にはニュー

「足場かけ（scaffolding）」[*4]

＊4　**足場かけ**（scaffolding）：51ページの監訳者注を参照。

T（ブレンダ園長）「家でペットを飼っていない子は動物にさわりたがらない。森探検プロジェクトは，森の動物に触れるよい機会です」

A児（3歳，男）は怖がっているので，そうっとウサギを抱く手を支えてあげた。
B児（4歳，女）は家でウサギを飼っている。
TはA児（3歳，男）に抱かせてあげると，ウサギから手を離し，B児（4歳，女）に任せた。

子どもに応じて**足場かけ⇒見守りへ**と援助の水準を変えた場面。

【異年齢保育；互恵学習】
A児（3歳，男）（Tに抱かせてもらったが，おっかなびっくり）
B児（4歳，女）「だいじょうぶよ。ほら気持ちいいって」　足場かけ1

T（保育実習生）（見守りに徹している）
A児（3歳，男）（左手でぎゅっとウサギをつかむ）
B児（4歳，女）「そうっとね。ほら笑ってるよ」　足場かけ2

図8-4　ニュージーランド保育で大事にされている援助

資料）大橋節子・内田伸子・上田敏丈・中原朋生：ニュージーランド保育関係者は2017年テ・ファリキ改訂をどのように捉えたか，チャイルド・サイエンス，**16**，41-46，2018.

> ### 「Trunkってどんなもの？」〈内田記録例〉
>
> ──ブレンダ園長が切り株の上にポッサムの糞を見つけた。
>
> T（ブレンダ園長）　「**ここにポッサムの糞があるわ**」
> A児（3歳，男）　　「じゃあ，この近くにポッサムがいるんだよ」
> ──3，4人の子どもたち一斉にあたりを見回す。
> T（ブレンダ園長）　「<u>あなたがポッサムだったらどこに住む？</u>」
> A児（3歳，男）　　「木の中かな？」
> B児（4歳，女）　　「地面の上かも？」
> A児（3歳，男）　　「やっぱり，木に住むんだろう」
> C児（4歳，男）　　「うん，ポッサムだったら木の穴に住むんじゃない!?」
> T（ブレンダ園長）　「**どの木かな？**」
> D児（4歳，男）　　「5歩くらい歩いたところ。ホラ，細い木がある！」
> E児（4歳，女）　　「Tree trunkかな？」（内田注　trunk；木の幹，樹幹）
> D児（4歳，男）　　「ちがう！」
> ──D児は即座に否定した。C児は**Tree trunkの発話にいぶかしそうな表情**をする。
> ──ブレンダ園長はC児の表情に気づいて，C児に代わって質問した。
> T（ブレンダ園長）　「**Tree trunkってどんなもの？**」
> E児（4歳，女）　　「枝と似てるけど，ちょっとちがうの」
> T（ブレンダ園長）　「**じゃあ，trunkってどんなものかしら？**」
> E児（4歳，女）　　「穴があるくらい太いもの。**ポッサムが住めるくらいの穴がある**もの」
>
> （内田注　幼児によく見られる転導推理の発話。E児はことばに出して考えながらtrunkの定義を精緻化した）
> C児はE児の説明に納得したようにうなずいた。

図8-5　日常的なアセスメント情報「ポッサム森の探検プロジェクト」

資料）大橋節子・内田伸子・上田敏丈・中原朋生：ニュージーランド保育関係者は2017年テ・ファリキ改訂を
　　　どのように捉えたか，チャイルド・サイエンス，16，41-46，2018.

ジーランド保育の援助の例として「足場かけ」と異年齢混合保育で子
ども同士の互恵学習の場面を示した。図8-5は，ポッサム森の探検
プロジェクトで起こった保育者と子どもたちの対話場面を，発話資料
として作成してみた。

③　公式のアセスメント：主任保育者のリサは「新しいテ・ファーリキ
では，ビデオやオーディオ，オンライン等，新しいテクノロジーも使
ってポートフォリオを作成する。保育カンファレンスで，子どもの育
ちを共有し，再確認・省察する。子ども一人ひとりの学びやグループ
としての学びを評価している」と述べた。

④　ラーニング・ストーリーは，写真やつぶやき，ことばから子どもは
どんな遊び（活動）から何を学んだか，何ができるようになったかを
読み取れるように記す。子ども一人につき毎月2〜5回のラーニング・
ストーリーをまとめる。ラーニング・ストーリーは担任の保育者が保
育実習生にアドバイスしてまとめていく。担任と実習生とが一人の子
どものラーニング・ストーリーを別々に作成し，それらを比較対照し

表8-2　「ラーニング・ストーリー ―学びの物語」を紡ぐ方法

基本スクリプト　どのように書き進めるか？

（1）まずはじめに，具体的にどのようなエピソードについて伝えようとしているのかを示す（事実を具体的な**行動や表情，言語**も含めて）。

　　　例：4歳男児が，虹色トカゲを最後の一人になってもあきらめずにつかまえたこと。それをみんなと喜んだり観察したりした後，おうちに帰してあげたこと。

（2）2番目に，そのことを自分がどのようにとらえたのか，自分の見方や自分の考えを伝える。

　　　例：虹色トカゲと名づけたのは君にとってとても魅力のあるものだからだね。だからどうしてもつかまえていっしょにいたかったのかな。一人になっても最後まであきらめずにつかまえよううって挑戦していた。勇敢だったね。

（3）3番目に，このエピソードから感じ取れる「その子らしさ」をわかりやすいことばで伝えよう。**心情・意欲・態度**の視点を持って，どのような成長を遂げたかを評価する。ただし，**安易な決めつけにならないよう**留意する。

　　　例：あなたは，いろいろな場面で困ったことにであっても少々のことではあきらめずに挑戦している。3歳の時に比べて本当に成長してきたね。

（4）最後に，これからその子どもの育つ方向に対する期待を伝えよう（**未来に向けて**，自分自身の保育援助の方針も含めて）。

　　　例：1年間にこれだけ進歩・成長したのだから，今後も遊びを見守ること。子どもが自力でどうしても解決できない時，フラストレーションを感じていると察知した時だけ，控えめな足場をかけてあげよう。

> **読み手（保育者・保護者・子ども）にわかりやすくという視点を大切に**

資料）上垣内伸子：ドキュメンテーション作成のワークショップ（提案資料），十文字学園女子大学保育科学講座，2018 に基づき作成.

ながら，どの点に気づいたか，どの点を見落としていたかを話し合い，完成させていく。この話し合いを経て作成したラーニング・ストーリーの例を表8-2に示した。

⑤　保育カンファレンス：週に2回，スタッフ・ミーティングを開催する。ミーティングは1回につき30分〜1時間程度である。個々の子どもがどんなことに関心を持っているかを知るよい機会である。生活環境で何が起こっているかも保育者同士で共有する。

⑥　ラーニング・ストーリーの掲示：担任保育者はラーニング・ストーリーを壁に掲示し，カイアコ（保育者）やファーナウ（子育て応援隊）や子どもたち自身も本人・友だちが観察し，おしゃべりすることができるようにする。

⑦　入園してからの子どものラーニング・ストーリーをまとめてポートフォリオとし，子どもの制作物などとともに幼稚園に保管する。ポートフォリオは小学校にも提出して，小学校教師に幼児期の子どもの生活を知らせるよい手段となっている。

（2）愛と学びのこども園（Love and Learn Education & Care）

1）園 の 規 模

　0〜2歳未満児12名，2歳以上44名。こども園で過ごす時間の90％以上は園庭で過ごす。雨の日以外は園庭でお昼寝をする。樹木の「気」を浴びながら眠る。冬も厚いマットを敷き羽毛の毛布をかけて園庭でお昼寝をする。外でお昼寝をするようになってから子どもたちは丈夫になり，風邪もひかなくなったという（図8-6）。

「樹木の『気』を浴びながら…zzzzz…」

秋風の冷たい日

外気温は18度！

風も冷たい日の午睡

《雨がふっていなければ
雪のちらつく冬でも，
羽毛の毛布と厚いマットで
園庭で午睡する》

園長談「温度管理された室内での午睡に比べて子どもが丈夫になった。風邪をひかなくなった」

図8-6　園庭でお昼寝

資料）大橋節子・内田伸子・上田敏丈・中原朋生：ニュージーランド保育関係者は2017年テ・ファリキ改訂をどのように捉えたか，チャイルド・サイエンス，**16**，41-46，2018.

2）ラーニング・ストーリー

　個人ごとの記録のほか，園全体で取り組んでいる活動から子どもたちが何を学んだかを記録する。

① テ・ファーリキのミッションを園の学びのプランに落とし込んで実践する。

② 子ども一人ひとりの成長の過程がわかるように写真や動画で記録する。

③ 保育者のことばがけは子どもの成長に適切か，妥当かを振り返る手段にしている。

④ 子ども向け・保護者向け・スタッフ向けのラーニング・ストーリー

を用意する。

⑤　スタッフ・ミーティングは毎週1回，月曜日に開催して，保育者と
　　保育実習生が参加して保育の振り返りを行う。

3）園全体のラーニング・ストーリー

　園全体のグループ・ラーニング・ストーリーにも取り組んでいる。園庭
に近い壁面には，「今学期，私たちは川（Kapa Haka カパ・ハカ）から何に
ついて探究し，何を学んでいるか？（What have we been Exploring and
Learning in Kapa Haka this term？）」の問いが掲げられている。この問いの
下には，子どもたちの会話を記録できる白い模造紙が貼ってある（図8-
7）。この園全体で川について学んでいる。川があるからこそ，この地域
の恵みがもたらされた。写真を見ながら子どもたちやカイアコ（保育者）
は，問いのわきに貼られた写真を見たり，川で拾ってきた石などにさわっ
たりしながら，川から何を学んだか，何について探究したかを対話しなが
ら振り返る。ここで起こった対話をカイアコ（保育者）は白い模造紙にメ
モする。

子ども・保育者・保護者は掲示を見ながら，探究活動と学びを振り返る。
会話は手書きで白い紙や吹き出しにメモする。

図8-7　子どもたちと保育者の会話をメモする

資料）大橋節子・内田伸子・上田敏丈・中原朋生：ニュージーランド保育関係者は2017年
　　　テ・ファリキ改訂をどのように捉えたか，チャイルド・サイエンス，**16**，41-46，2018.

4）ポートフォリオ

　ポートフォリオは「つなぐ道具」として大切にしている。幼児期に作成
されたラーニング・ストーリーをまとめて，学びや遊びの履歴冊子を作成
して玄関わきのボックスに置く。子ども自身はもちろん，友だちやファー
ナウ（子育て応援隊），園の見学者の誰もがポートフォリオをボックスから
取り出して見ることができ，保護者には月1回は見るように勧めている。
子どもの会話も記入する。ポートフォリオはその子どもに帰属するもので

＊5 ラーニング・ストーリーのフォーマットは「エデュカ（Educa）社製」と「ストーリー・パーク（Story-Park）社製」がある。ポリー・ハイこども園では，Story-Park社製を採用している。これはカリキュラムとの対応が明確なため，どのミッションが達成されたか保育評価しやすい。ウェリントンの保育園ではStory-Park社製を使っているところが多いということである。一方，シークレット・ガーデンでは，子どもの独自性を把握しやすいという理由でEduca社製を使っている。またマッセイ大学附属こども園のように，既製のフォーマットではなく，独自のラーニング・ストーリーを開発しているところもある。行政機関調査では就学前施設の規模や設立目的に合わせて既製のフォーマットを使う場合も，園それぞれのフォーマットを開発している場合もあり，それぞれの園の方針に任されている。

＊6 パーマストン・ノース郊外の富裕層の私立幼稚園でレッジョ・エミリアの芸術教育を「マオリの文化とマッチしている」ので取り入れている。マオリ文化は生態的環境・人との絆・物的人的関係性，つまり，人・土地・その他諸々のモノや生きものとのつながりを大切にす

あり，園から小学校へ直接伝える道具ではないが，子ども自身が自分のポートフォリオを小学校の教師に見せて，自分の幼児期を伝えることもある。学校から要請があれば保護者と子どもに許可をとって見せることもある。

（3）ポリー・ハイこども園（Poly High Center）

1）園 の 規 模

　子ども50名（0〜3歳未満児8名，3〜5歳児32名，6歳児10名），スタッフ16名（子ども対保育者の比率；0〜3歳未満児＝1：2／3〜5歳児＝1：4／6歳児＝1：5）

2）ラーニング・ストーリー

① Story-Park社製＊5のフォーマットを使ってラーニング・ストーリーを作成する。

② ラーニング・ストーリーは保護者（父母）や親戚（祖父母）にオンラインでつながっていて，コメント欄にコメントを記入することができるようになっている。

③ 就学前児のポートフォリオは子どもと保護者の許可を得て小学校にもオンラインで伝え，幼小の接続に配慮している。

④ グループ・ストーリーの形式⇒二人一組（主担当とサブ担当）で一人の子どものラーニング・ストーリーを作成する。

⑤ 一人について1月に1，2回程度ラーニング・ストーリーを作成する。

（4）シークレット・ガーデン（Secret Garden）＊6

1）園 の 規 模

① 乳児6名，0〜2歳未満児20名，3〜5歳幼児クラス46名（定員を超える希望者が多い）

② スタッフ6名のほか，保育実習生5名，ファーナウ（子育て応援隊）が10名ほど，大人は約20名で保育している。

③ スタッフには研究時間（週に2時間）がある。ラーニング・ストーリーの作成や整理，ポートフォリオ作成にあてる。また，保育理論の勉強にあてることが多い。

④ スタッフ・ミーティングは2週間に一度，1回につき1時間程度開催される。

2）ラーニング・ストーリー

① 子どもの遊びの観察記録：ビデオやiPad，保育記録をとり，ラーニング・ストーリーにまとめて，子ども一人ひとりの独自性（uniqueness）を理解する。記録を見ることで子どもが何に関心があり，どんな思い

を持っているかを推測・洞察する。

② 我々のインタビューに応じた園長は，「カイアコ（保育者）は，ラーニング・ストーリーに基づいて学びの計画（環境構成や遊具の配置など）を立て，子どもの活動の姿から柔軟に計画変更を行うことができなくてはならない。テ・ファーリキには「子どもたちの個性を我々の仕事の道しるべとしよう」（80ページ）とあるように，「カイアコ（保育者）は子ども一人ひとりの個性を把握し，保育計画や環境設定を柔軟に変更できなくてはならない」と回答した。

③ ラーニング・ストーリーの構成：Educa社製のフォーマットを用いてラーニング・ストーリーを作成する。表8－1の上段に掲げたように，1）気づく（notice），2）認識（recognition），3）対応（respond）（子どもの発達の近い将来だけではなく遠い将来も視座に入れる）；子どもの活動をよく見て，省察（reflection）し，なぜその活動がその子にとって重要なのかを推測し洞察する。さらに，この活動からその子が何を学んでいるかを解釈（interpretation）して，保育者がわかった段階で，子どもが次のステップに進めるように足場かけ（scaffolding）をすることができるようになる。

④ チェックポイント：社会性の発達，認知発達，知覚運動スキルの発達，身体発達など，スキーマ理論に基づいてチェックするようにしている。写真と文章がマッチしているか，保育者の子ども理解や解釈は妥当かなどをスタッフ・ミーティングで点検・検討・修正する。

⑤ 日常的なアセスメントとしての保育メモ（Learning Notes；日常のアセスメント情報）はいくつも書くようにしている。このメモを月1回のラーニング・ストーリーの作成に活用している。

⑥ テ・ファーリキとの対応：ラーニング・ストーリーの作成前にも作成し，終わった後にもテ・ファーリキとの対応をチェックする。最終的に経営陣（理事会）の監査を受ける。

（5）マッセイ大学附属こども園（Massey Child Care Center)*7

1）園の規模

乳幼児セクション（0～2歳未満児）＝22名対保育者11名，幼児セクション＝トドラー（1～3歳）37～38名対保育者7名／幼児～就学前（2歳半～5歳）40名対保育者5名。園児は，マッセイ大学の学生の子ども（定員に余裕がある場合は地域の子どもたちも預かることがある）で13か国のバックグラウンドを持っている。園では，子どものすべてのアイデンティティを認め，インクルーシブ保育・ダイバーシティー保育を推進している。

る。一方，レッジョ・エミリアの芸術教育は子どもや大人が生きる生態的環境を大切にするところに特徴がある。ブロンフェンブレンナーの生物生態学的モデルとも共通する保育理念であると考えられている。

*7　マッセイ大学の教職員や大学生・大学院生の子どものための就学前施設である。定員に空きがあれば地域の家族の子弟も通園できる。園長の Ms. Karen Laidと研修担当主任の Dr. Keren Land がインタビューに応じた。マッセイ大学附属こども園は全国の保育者の研修や保育カリキュラム開発研究実験園であり，ラーニング・ストーリーの開発・改善にも努めている。幼児期から就学前のラーニング・ストーリーは開発し終えた。調査時（2018年4月）には，乳児期（0歳と1歳）とトドラー（2歳）のラーニング・ストーリーの開発中であるとのことであった。

2）ラーニング・ストーリー

① 担任と副担任が写真や動画を撮る。子ども自身が写真を撮る場合も
ある。ラーニング・ストーリー作成にかける時間は1週につき約4時
間。子ども4，5人の記録を作成する。保育計画に対応させて，写真
を整理してラーニング・ストーリー（個人のストーリーとグループ・ス
トーリー）にまとめる。

② ラーニング・ストーリーの伝え方；1）ハードコピー，2）壁に貼
り出す，3）ラーニング・ストーリーをポートフォリオとして，オン
ラインや紙媒体で小学校に届ける，4）子どものラーニング・ストー
リーだけではなく，教員のラーニング・ストーリーもある。「どう教
えたか？」「教育効果（アウトカム）は何か？」などで保育を振り返り，
「どの点を改善するか？」まで考察して保育環境設定を改善する。

③ 子どものラーニング・ストーリー，グループ・ストーリー，教員の
ラーニング・ストーリーについてスタッフ全体で振り返るため，週に
一度月曜日に保育カンファレンスを開催する。

3. ラーニング・ストーリー：公的アセスメント情報に基づく保育の質の向上

（1）各就学前施設でのラーニング・ストーリーの実態

　ラーニング・ストーリーの実態から，就学前施設ごとに保育記録の仕方
は異なること，施設の設置目的や子どもの出身階層（Socioeconomic status,
SES），地域共同体の特徴に適合的・適応的な記録を工夫していることが
明らかになった。また，子どもの遊びや生活を日常的に記録し，公的アセ
スメント情報としてのラーニング・ストーリーに仕上げて，保育カンファ
レンスで保育の改善をはかりつつ，一人ひとりの子どもの独自性を尊重し
た保育実践に取り組んでいることが明らかになった。

（2）ニュージーランド保育所協会でのインタビュー*8

1）テ・ファーリキの改訂の意味と意義

　ニュージーランド保育所協会（Early Childhood New Zealand, ECNZ）は，
テ・ファーリキの2017年度の改訂を担当した行政機関である。ニュージー
ランドの保育の特徴は，第1にChild-centered Approach（子ども主体の保
育），第2に園と家庭のパートナーシップ，第3に二文化主義＝マオリの
文化の尊重の3つである。この保育を実践するうえでテ・ファーリキの改

*8　インタビュー
のより詳しい内容に
ついては第9章を参
照されたい。

訂はどのような意味があるかを語ってもらった。

　ロジーナ・メリー博士（以下，メリー教授）は保育研究者の視点から，「テ・ファーリキの評価は，達成度（到達度）評価ではなく形成的評価（formative evaluation）である。1996年版の評価項目は118項目だったが，2017年版では大綱化して20項目に減らした。1996年版では，教育効果（outcome）を評価することが多かったが，2017年版では概括的で示唆的な書き方に変わったので，現場で保育者がやっていることに落とし込むことができるようになり，マネージしやすくなったと思う」と述べた。

　アン先生とリサ先生（Ms. Anne & Ms. Lisa）は保育実践者の視点から，「子ども一人ひとりの発達過程を評価することができるようになった。子ども一人ひとりの発達過程に寄り添い，環境構成や足場かけ，ことばがけなど子どもへの援助の仕方について構想しやすくなったという声が寄せられている」と述べた。

（3）ラーニング・ストーリーによるアセスメント

　各園ではどのような方法でラーニング・ストーリーを作成しているか，評価の視点はどのようなものか，保育カンファレンスでどのような話し合いをするのかについてまとめておきたい。

　メリー教授：ラーニング・ストーリーに記録しておくことで形成的評価（継時的に評価し改善点を可視化し改善する）ができる。ラーニング・ストーリーの作成には，ビデオ，テープレコーダー，写真等を補助資料にして子どものつぶやきや教師のことばがけ・援助を記録し，保育カンファレンスでピアレビューを受ける。これをまとめて学びの履歴『ポートフォリオ』に仕上げていく。

　リサ先生：改訂版のテ・ファーリキでは，ビデオやオーディオ，オンライン等，新しいテクノロジーも使ってポートフォリオを作成する。保育カンファレンスで，子どもの育ちを共有し，再確認・省察する。子ども一人ひとりの学びやグループとしての学びを評価している。

　メリー教授：ラーニング・ストーリーを基に子どもの発達を評価するが，旧版は赤字評価（Deficit Approach）に立って，118項目について子どもができないところにチェックした。しかしワイカト（Waikato）大学の乳幼児研究者たちは，乳児も有能な学び手であり，発信者であることを知っていたので，環境世界に積極的に働きかけて学んでいるというアイディアと脳科学の最新の成果を盛り込んで改訂する必要性を認識していた。その結果，改訂版では黒字評価主義（Credit Approach）に立って，子どもの発達を20項目で査定している。伸びた点，成長した点を肯定的に評価することが求められる（表8−1の下段）。

4. ま　と　め

　テ・ファーリキ2017年改訂版の翻訳とニュージーランド保育調査を通して、「学びの物語（ラーニング・ストーリー）を紡ぐ保育」の素晴らしさを再確認することができた。

　テ・ファーリキでは「学びとは出生前から始まり、生涯続く旅である。各教育機関には、子どもたち（そして大人になった子どもたち）の生涯にわたる探究の旅を支える責任がある。カイアコ（保育者）や新入生担当の教員は子どもたちのアイデンティティや文化を認め、彼らの知識の蓄えに働きかけ、蓄えを増やし、彼らの学びにポジティブな期待を持つことによって、子どもたちを援助する」(63ページ) と述べられている。

　ニュージーランドの子ども観は「子どもは宝。育まれ、成長し、花開くもの」(11ページ) である。この子ども観は、日本の「子ども中心の保育論」(内田，1998) や「子ども主体の子育て論」(内田，2020) に共通している。子ども中心の保育論がよって立つ子ども観は、「将来の文化社会を担う子ども達の成長のために、大人たちがいくらコストをかけたとしてもかけ過ぎることはない。子どもたちが成長した暁に日本の文化社会にもたらす賜物は、コストを帳消しにして余りあるものであるに違いない」[1] というものである。

　ニュージーランドは、「教育未来指数[*9]」が世界第1位（2017年）にランキングされた。ニュージーランドの子ども中心の保育においてはカイアコ（保育者）が保育の主担当となり、保育実習生やファーナウ（子育て応援隊）がカイアコ（保育者）の保育を補助している。地域社会全体で、子どもたちの保育にかかわり、次代を担う子どもたちの成長を支えている。地域社会全体で子どもを保育することにより、子どもたちは立派に成長して花を咲かせ、ニュージーランドの未来に、豊かな実りをもたらすに違いない。

　カイアコ（保育者）は「保育専門職」としての自負と誇りをもって生涯学習のスタートとなる乳幼児教育を担っている。カイアコ（保育者）は、人間としては子どもと対等であり、子どもとともに学び続ける。子どもと大人は互いに学び合う関係にある。しかし、次代を担う子どもの育ちに保育専門家として子どもに関わる。アセスメント情報としてラーニング・ストーリーを作成し、子どもの成長の姿を可視化させ、保育環境の課題を探る。保育実習生も含めた保育カンファレンスでラーニング・ストーリーを題材に保育環境や保育援助の改善策を話し合う。保育のPDCAサイクルを循環させながら、子ども主体の保育の実践に取り組んでいるのである。

　乳幼児教育施設は地域の学び合いの拠点である。地域社会の多くの人々

---

*9　未来教育指数：英誌「エコノミスト」の調査部門であるエコノミスト・インテリジェンス・ユニット（EIU）が2017年に発表。IotやAI技術等により世界が大きく変化する中で次世代の育成に向けて未来に適応しうる教育内容・環境を提供している国をランキングした。

が集い対話する。「ワイタンギ条約*10」(1840年) 締結の歴史について学び，平和を実現する方法について議論する。SDGs*11の諸問題（地球環境問題や人種偏見など）について話し合う。子どもたちが生きる未来社会について思いをはせ，美しい地球を継承するために，大人たちは，今，何をすべきか熱く語り合う。私たちは，将来展望を持ちつつ地域社会全体で子どもを育てるというニュージーランドの保育に学ぶ点が多くある。

　日本では，東京女子高等師範学校附属幼稚園（現在の国立大学法人お茶の水女子大学附属幼稚園）において140年以上前から子ども中心の保育が実践されていた。1989年に幼稚園教育要領が改訂され，国公立幼稚園はお茶の水方式の子ども中心の保育を実践するようになった。2017年には幼稚園教育要領，保育所保育指針，幼保連携型認定こども園教育・保育要領が改訂・改定され，幼保が一元化され，子どもの主体性や自律性を大切にする保育「子ども中心の保育」へ踏み出した。かつての精緻な保育計画に替わり「保育所の生活における子どもの発達過程を見通し，生活の連続性，季節の変化などを考慮し，子どもの実態に即した具体的なねらい及び内容を設定すること。また，具体的なねらいが達成されるよう，子どもの生活する姿や発想を大切にして適切な環境を構成し，子どもが主体的に活動できるようにすること」[2] が求められる。教育のPDCAサイクルを循環させるために保育記録（ラーニング・ストーリーやドキュメンテーション）の作成も求められる。

　ニュージーランドの保育は「学びの物語（ラーニング・ストーリー）」を紡ぎながら保育のPDCAサイクルを循環させ，保育の質向上をはかってきた。本書を手がかりに，わたしたちは，日本各地の文化社会，そして歴史や伝統に調和するような子ども中心の保育をつくりだしたいと思う。

*10 「ワイタンギ条約（Treaty of Waitangi）」については，12〜13ページを参照。ニュージーランドにおいて多文化共生共存や多様性尊重，ダイバーシティー推進社会が実現するのにこの条約の締結の歴史的意味は大きい。

*11 **SDGs**：Sustainable Development Goals（持続可能な開発目標）。「誰ひとり取り残さない」ことを理念とした国際社会共通の目標。17のゴールと169のターゲットが掲げられ，2030年までの達成に取り組んでいる。

引用文献

1) 内田伸子：おもちゃの究極—"白無垢の球"〜子どもの発達に資する「マルチおもちゃ」の開発をめぐって〜，循環とくらし，**4**，22-29，2014.
2) 厚生労働省：保育所保育指針〔第1章3⑵ウ〕，2017.

参考文献

・Bronfenbrenner, U.: *Two worlds of childhood; U.S. and U.S.S.R.*, Simon & Schuster, 1972./長島貞夫訳：二つの世界の子どもたち：アメリカとソ連のしつけと教育，金子書房，1971.
・Bronfenbrenner, U.: *The ecology of human development; Experiment by nature and design*, Harvard University Press, 1979./磯貝芳郎・福富護共訳：人間発達の生態学—発達心理学への挑戦，川島書店，1996.

・Bruner, J. S.: *The process of education*, Harvard: MIT Press, 1959.／佐藤三郎・鈴木祥蔵共訳：教育の過程，岩波書店，1963.

・上垣内伸子：ドキュメンテーション作成のワークショップ（提案資料），十文字学園女子大学保育科学講座，2018.

・大橋節子・内田伸子・上田敏丈・中原朋生：ニュージーランド保育関係者は2017年テ・ファリキ改訂をどのように捉えたか，チャイルド・サイエンス，**16**，41-46，2018.

・内田伸子：まごころの保育—堀合文子のことばと実践に学ぶ，小学館，1998.

・内田伸子：発達の心理—ことばの獲得と学び，サイエンス社，2017.

・内田伸子：AIに負けない子育て—ことばは子どもの未来を拓く，ジアース教育新社，2020.

・内田伸子・浜野　隆：世界の子育て格差—子どもの貧困は超えられるか，金子書房，2012.

・内田伸子ほか：乳幼児の論理的思考の発達に関する研究，保育科学研究，**5**，131-139，2014.

・レフ　ヴィゴッキー，柴田義松訳：新訳版　思考と言語，新読書社，2001.

第9章 ニュージーランドの保育者は何を大切にしているか

本章では，第1部の翻訳されたテ・ファーリキについて，筆者らが行ったロジーナ・メリー博士（以下，メリー教授）*1へのインタビュー調査（2018年5月実施）*2も踏まえながら，日本の幼稚園教育要領，保育所保育指針，幼保連携型認定こども園保育・教育要領と比較しつつ，ニュージーランドの保育者が，テ・ファーリキをどのようにとらえ，何を大切にしているのかを解説していく。

*1　2017年のテ・ファーリキ改訂に関わっていた。当時，ワイカト大学教育学部所属であり，インタビュー時は，Early Childhood New Zealandのディレクターである。

*2　本調査の一部は，大橋節子，ほか：ニュージーランド保育関係者は2017年テ・ファリキ改訂をどのように捉えたか，チャイルド・サイエンス，16，41-46，2018，にまとめられている。

1. テ・ファーリキにおける保育者の位置づけ

テ・ファーリキにおいて，保育者はどのような立ち位置であるかは，「カイアコ（保育者）の責任」（73ページ）のことばが象徴的である。ここには，「遠く離れず，一緒にそばにいよう」と記されている。このことわざの含蓄は，日本の保育者にとっても示唆的である。日本の保育者は，元来，「見守る」ことを大事にしてきた[1]。「見守る」とは，「保育者の指示を最小限にとどめ幼児一人ひとりの成長のようすをとらえる援助のあり方」[2]と定義されるが，その意味はさらに深いと感じられるだろう。例えば，上田らは，保育者の「見守る」に着目をし，どのような意図で幼児の葛藤体験を見守っているのかについて明らかにしている[3]。

このような文化に基づく日本の保育者にとって，ニュージーランドの保育者が大事にするこのことわざは，共感を持って迎えられるだろう。日本の保育者と比較的近い保育の感覚を持っていると考えられるニュージーランドの保育者にとって，保育者としての専門性やあり方は，どのようにテ・ファーリキにあらわれているのだろうか。本章では，テ・ファーリキに記された文言から，ニュージーランドの保育者が何を大切としているのか，どのように，テ・ファーリキをとらえているのか，またとらえるべきなのかを解説していく。

（1）カイアコとは

　テ・ファーリキは英語とマオリ語とが混在している。これは，二文化主義に基づく理念であり，マオリ文化への尊敬のあらわれでもある[4]。このことについて，メリー教授は以下のように解説をする。

　メリー教授：（テ・ファーリキができる前に）政権交代がありまして，それで，「幼児教育のカリキュラムを考えてほしい」ということを言われたわけです。……その機会を彼女たち（マーガレット・カー教授たち）が，今までとはまったく違うことをつくり出すという機会だととらえて，実際にそれを行ったのです。それで，それを行う中で，マオリの人々やマオリの学者とコラボレーションをしてできたのが，テ・ファーリキであるということです。マオリ族の学者，マオリ系の人たちの学者が関わっていたということがかなり深い影響力をテ・ファーリキに及ぼしました……〔（　）内は著者の補足〕。

　このような流れの中で，テ・ファーリキはマオリ語が多用されており，カイアコもその一つである。しかし，このカイアコということばは，単に保育者だけを指しているのではない。テ・ファーリキの用語解説には以下のようにある（16ページ）。

　カイアコ（保育者）
　すべての教師，教育者，その他の大人。保護者主導の乳幼児教育の場において，保育や教育の責任者となっている保護者も含む。カリキュラムについて保護者が集団として責任を持つ環境においては，保護者やファーナウ（子育て応援隊）もカイアコ（保育者）として認識される。乳幼児教育サービス(ECE Service)ではあらゆる用語が使われているが，カイアコ（保育者）という用語は，本カリキュラムで重視している「教えと学びの互恵性」を伝える言葉であるため，本書ではカイアコ（保育者）を使う。

　カイアコ（保育者）とは，狭義の保育者だけではなく，子どもを教える立場にあるすべての人を指しており，単に保育者や教師という職業を示しているのではなく，子どもとともに「教えと学びの互恵性」の関係性をつくる人，すべてを指し示している。その意味では，ことばの中心としては，保育者がいることは間違いないが，保護者や親戚，ファーナウ（子育て応援隊）など，かなり幅広い意味のある用語として認識しておく必要が

ある。そして，カイアコ（保育者）は，ファーナウ（子育て応援隊）やコミュニティーと協力しながら，子どもと「教えと学びの互恵性」をつくらなければならない。

（2）教育者としてのカイアコ

カイアコ（保育者）は，「幼児の学びと発達を援助するために，子どもたちが新しいチャレンジを体験できる機会，自分で選んだ学びの目標を達成する機会，長期プロジェクトに参加する機会などを提供する」（27ページ）ことが求められる。そのためにカイアコ（保育者）に必要なことは，子どものできない部分を見るのではなく，できる部分を評価することが大事であるとメリー教授は述べる（詳細は，第8章，119ページを参照のこと）。

メリー教授：子どもが，何ができないのか……，赤字の部分を観るのではなく，クレジット，黒字の部分を観ていって，アウトカムでまだ達成しなくてはならないことがあるのだったならば，それができるようにサポートするという考え方だと私は解釈しています。

この点，日本の幼稚園教育要領についても，同様である。幼稚園教育要領では，「幼児一人一人のよさや可能性などを把握し，指導の改善に生かすようにすること。その際，他の幼児との比較や一定の基準に対する達成度についての評定によって捉えるものではない」[5]（第1章総則第4 指導計画の作成と幼児理解に基づいた評価）とある。日本もニュージーランドも，子どもへの眼差しとしては同様であるが，ともすれば，日本の保育者はこの視点を忘れてしまい，赤字評価で見てしまうことが往々にあるのではないだろうか。ニュージーランドのテ・ファーリキは，このことを改めて再認識させてくれるだろう。

（3）文化の担い手としてのカイアコ

テ・ファーリキの中で，カイアコ（保育者）に求められる役割として重要なもう一つは，文化を守り，伝えていくことである。テ・ファーリキ（22ページ）では次のように記されている。

子どもたちが家庭で話していることばや子どもたちの文化が教育の場で大切にされ，カイアコ（保育者）が子どもの文化における知り方やあり方に応答すると，学び手のアイデンティティが育まれる。マオリにとっては，マオリの世界観をカイアコ（保育者）が理解することが重要である。

写真9-1　保育者も子どもも自身のルーツがわかることばとともに掲示
　　　　　されている

写真9-2　マオリの文化的装飾の制作物

　テ・ファーリキでは，英語とマオリ語で記されているが，たんに2つの
文化を混在させているということではない。実際には，マオリ以外にも，
多くの民族がニュージーランドで生活し，そのすべての子どもたちとその
背景となる文化を大切にしている（写真9-1）。そこには障がいのある子ど
もも含まれており，広い意味での多文化主義といえよう。実際に，メリー
教授は，保育者向けの研修として，マオリに関する知識を深めるものや，
マオリのレンズを通して子どもを見ること，マオリの正月等の教材作成な

ど，さまざまなプログラムがあると述べている。

　テ・ファーリキからは，一見すると，英語とマオリの文化としてとらえられがちだが，そうではなく，多くの文化，そして，障がいのある子どもたちも含めた，インクルーシブなカリキュラムとなっている（写真9-2）。

2. テ・ファーリキにあらわされる保育者の子どもへの眼差し

　次に，ニュージーランドの保育者が，子どもをどのようにとらえているのかをテ・ファーリキから見ていこう。

（1）子どもの育ちを読み解くこと

　テ・ファーリキの改訂版の特徴として，基本であるプリンシパル（原理）と，学びと発達の領域であるストランド（要素）に加えて，学びの成果が入ってきていることである。

　この学びの成果については，当初，改訂前のテ・ファーリキからは到達目標がつけ加えられたように感じられ，抵抗があったようであるが，子どもができないことを見るのではなく，何ができるかを評価する，ということを前提として，次のようにメリー教授は述べている。

　　メリー教授：広く子どもを観ていきますと，やはり求められる学びのアウトカムというのはあるわけです。その中で何か，まだ達成されていないものがあるならば，サポートをしたり，それに焦点を当てたかたちで意図的に計画を立てたり，考えたり，教えたりということをするわけです。

　実際にテ・ファーリキでは，ウェルビーイングの学びの成果として，「自分の健康を維持し，身の回りのことをする」「自分を管理し，自分の気持ちやニーズを表現する」（35ページ）等があげられている。これらは，到達目標としてとらえるのではなく，日本の幼稚園教育要領と同じように，子どもの育ちの理想的な方向を示しているものであり，保育者は子どもの「何ができるのか」という視座に立ちながら，それぞれのストランド（要素）における具体的な姿を踏まえつつ，保育を計画していくことが重要となる。個別の要素だけを取り上げるのではなく，長期的な子どもの発達の流れを理解することが求められる。

　また，これは卒園時のことを示しているのではなく，もっと長期的に，

小学校やコーハンガ・レオ（マオリ語を指導言語とする乳幼児教育センター）といったマオリを指導言語とした学校とのカリキュラムの接続を含めてとらえられている。テ・ファーリキ（第3章，67ページ～）で記されているように，テ・ファーリキにもとづく子どもの姿を踏まえつつ，それが小学校などの縦の繋がりと，コーハンガ・レオなどの多文化的な横の繋がりとを意識した表が入ってきたのは，1996年のテ・ファーリキにはない特徴であり，子どもの育ちを中心とした幼小接続が強く意識された結果といえよう。

（2）個人の評価と集団の評価

　ニュージーランドの保育で，子どもの育ちをアセスメントするものとしては，ラーニング・ストーリーが用いられ，この方法は日本でも多くの研究者が報告をしているため[6,7]，耳にしたことがある人も多いだろう。

　前節で述べた長期的な子どもの発達の流れを理解するための一つの方策として，用いられるものである。

　ラーニング・ストーリーは，保護者も子どもも取り出しやすい場所に設置されている（写真9-3，9-4）。テ・ファーリキ（80ページ）では，次のようにまとめられている。

　　カイアコ（保育者）はアセスメントを用いて，子どもが何を知っていて，何ができ，何に興味を持っているかを認識し，子どもたちの発達の進み具合，新たな学びの機会の示唆，追加の援助が必要になりうる要素等を把握する。

　　このようにとらえると，アセスメントとは，カリキュラム計画や学びの充実化を支える形成的評価である（以下，略）。

　このようなラーニング・ストーリーは，子ども一人ひとりの学びのプロセスを可視化するものとして紹介され，日本でも数多くの取り組みが実践され，報告されている[8]。

　ラーニング・ストーリーを通して，一人ひとりの学びを把握することはもちろん大事であるが，それは同時に，グループとしての集団の学びにも焦点を当てていくことが取り組みとして行われている。インタビューの中である女性保育者は次のように述べていた。

　女性保育者：その教員のチームがあるわけですので，お互いのアセスメントから，いろいろと拾っていくということがあると思います。また，家族や子どもを観ながらの評価となっていくので，たくさんのヒン

**写真9-3　子ども一人ひとりのファイルにまとめられている
ラーニング・ストーリー**

写真9-4　ラーニング・ストーリーの例

トとなるポイントがあって，それが集まって最終的な評価になるという
ことになります。ですから，チームでいろいろと話し，対話をしながら
個人個人の子どもの学び，グループとしての学び等を評価し，話し合う
ということで，優れた評価が出てくるのではないかと考えています。

　新しいテ・ファーリキにおきましては，ラーニング・ストーリーのみ
ならず，ビデオやオーディオを使ってレパートリーを増やし，ポートフ
ォリオのような形でアセスメントができるようになっております。もち

ろん，今ではテクノロジーも大きな役割を果たしているわけでありますので，いろいろな形でアセスメントを行ったうえでディスカッションをして，評価をするということになります。

さらに，幼児一人ひとりの学びを保育者（カイアコ）が読み取ることを可能にする要件として，保育者の配置基準の違いもあげられる。日本の認可保育所の最低基準[9]では，0歳児が1：3，1・2歳児が1：6，3歳児が1：20，4歳児以上が1：30であり，幼稚園[10]は，1学級が35人以下という基準となっている。

一方，ニュージーランドでは，2歳児未満5人に対しては保育者が5人となっており，2歳児以上であれば，概ね10人に対して保育者1人である[11]。このような配置基準の違いも，保育者（カイアコ）がラーニング・ストーリーをまとめることを可能にしている。

このように，ラーニング・ストーリーは一人ひとりの学びを押さえるツールとして紹介されているが，同時にその子を取り巻く集団としての学びを，保育者が組織的に理解するためのツールであることにも注意しておく必要があろう。

＊3　さらに具体的な内容については，第8章を参照のこと。

また，ビデオや音声記録など，さまざまなICTのツールを積極的に取り入れて，多角的な評価を行おうとしていることも大事である＊3。

しかし，これだけでは不十分である。子ども一人ひとりの個人の育ちだけではなく，それを組織としての育ちとしてとらえていくことが求められる。テ・ファーリキでは，評価の目的は，「乳幼児教育の場で組織的な改善を可能とすることである」（83ページ）とある。

例えば，ある園では，一人ひとりのラーニング・ストーリーをテ・ファーリキのストランド（要素）と照らし合わせて，集団としての育ちを読み取れるものとして編み上げていた。この例等は，内部評価の一つといえよう（写真9-5）。

本章では，改訂されたテ・ファーリキから，ニュージーランドの保育者は何を大切にしているのかについて，改訂メンバーの一人であったメリー教授のインタビューを中心に解説した。

テ・ファーリキの基本的な方向は，日本の保育

写真9-5　1つの活動でまとめられた　　　ラーニング・ストーリー

者にとって受け入れられやすいものであり，共感しやすいものではないだろうか。一方で，すべてを同じように日本の保育に取り入れる必要はないだろう。ニュージーランドのテ・ファーリキに学ぶことは，日本の保育を改めて問い直すこと，自分たちの保育のよさがどこにあるのかを見直す契機となるのではないだろうか。

引用文献

1）石垣恵美子：幼児教育方法論Ⅲ：見守る保育を中心に，聖和大学論集，**27**，29-38，1999．

2）森上史朗・柏女霊峰編：保育用語辞典 第5版，ミネルヴァ書房，106，2009．

3）上田敏丈・中坪史典・吉田貴子・土谷香菜子：実践知としての保育者の『見守る』行為を解読する試み—当事者の語りに着目して—，子ども学，**5**，223-239，2017．

4）七木田 敦・ジュディス ダンカン編著：「子育て先進国」ニュージーランドの保育，福村出版，20-21，2015．

5）文部科学省：幼稚園教育要領（第1章 4），2017．

6）大宮勇雄：学びの物語の保育実践，ひとなる書房，2010．

7）宍戸良子・三好伸子：子どもの育ちを捉えるラーニング・ストーリー いつでも，どこでも，誰でもできる観察・記録・評価，北大路書房，2018．

8）松井剛太，丸亀ひまわり保育園：子どもの育ちを保護者とともに喜びあう：ラーニングストーリー 初めの一歩，ひとなる書房，2018．

9）厚生労働省：児童福祉施設の設備および運営に関する基準（第5章 保育所 第33条2，昭和23年12月29日厚生省令第63号）

10）文部省：幼稚園設置基準（第2章 編制 第3条，昭和31年12月13日文部省令第32号）

11）自治体国際化協会：ニュージーランドにおける子育て支援政策—乳幼児保育政策を中心に—，Clair Report No.450，22，2017．

本書の一部は「JSPS科研費JP18K02469」および「JSPS科研JP21K02398」の助成を受けた研究に基づいている

索引

■ 監訳・編著者

<ruby>大<rt>おお</rt></ruby><ruby>橋<rt>はし</rt></ruby> <ruby>節<rt>せつ</rt></ruby><ruby>子<rt>こ</rt></ruby>　IPU・環太平洋大学学長

　◆**専門・主な著書等**

　　表現教育によるレジリエンス（精神的回復力）強化，不登校の学校回帰，幼・小・保接続教育プログラム開発・実践等

　　「『これから』の教育支援～未来への投資～」（単著，マッセOSAKA 第20号，2017）

　　「ニュージーランド保育関係者は2017年テ・ファリキ改訂をどのように捉えたか」（共著，チャイルドサイエンス 第16号，2018）

　　「コロナ下で高1を迎えた不登校経験のある生徒達」（共著，チャイルドサイエンス 第20号，2020）

<ruby>中<rt>なか</rt></ruby><ruby>原<rt>はら</rt></ruby> <ruby>朋<rt>とも</rt></ruby><ruby>生<rt>お</rt></ruby>　IPU・環太平洋大学次世代教育学部教授

　◆**専門・主な著書等**

　　幼児期からの市民性教育論，カリキュラム編成論，社会認識教育学

　　『現代アメリカ立憲主義公民学習論研究―憲法規範を基盤とした幼稚園から高等学校までの子どもの市民性育成―』（単著，風間書房，2015）

　　『改訂 なぜからはじめる保育原理 第2版』（編著，建帛社，2018）

　　『なぜからはじめる教育原理 第2版』（編著，建帛社，2018）

<ruby>内<rt>うち</rt></ruby><ruby>田<rt>だ</rt></ruby> <ruby>伸<rt>のぶ</rt></ruby><ruby>子<rt>こ</rt></ruby>　IPU・環太平洋大学次世代教育学部教授，お茶の水女子大学名誉教授

　◆**専門・主な著書等**

　　発達心理学，言語心理学，認知科学，保育学

　　『発達の心理―ことばの獲得と学び』（単著，サイエンス社，2017）

　　『子どもの見ている世界―誕生から6歳までの「子育て・親育ち」』（単著，春秋社，2017）

　　『AIに負けない子育て～ことばは子どもの未来を拓く～』（単著，ジアース教育新社，2020）

<ruby>上<rt>うえ</rt></ruby><ruby>田<rt>だ</rt></ruby> <ruby>敏<rt>はる</rt></ruby><ruby>丈<rt>とも</rt></ruby>　名古屋市立大学大学院人間文化研究科教授

　◆**専門・主な著書等**

　　幼児教育学，保育学，保育者養成

　　『保育行為スタイルの生成・維持プロセスに関する研究』（単著，風間書房，2017）

　　『複線径路・等至性アプローチが拓く保育実践のリアリティ』（共著，特定非営利法人ratik，2019）

　　『コンパス子ども理解―エピソードから考える理論と援助―』（編著，建帛社，2021）

■ 訳　者

<ruby>神<rt>こう</rt></ruby><ruby>代<rt>じろ</rt></ruby> <ruby>典<rt>のり</rt></ruby><ruby>子<rt>こ</rt></ruby>

　　日豪首脳会談豪側通訳を担当。APEC，G20，世界経済フォーラム等のさまざまな国際会議，また各種部門（教育・金融等）のビジネスやプロジェクトの会議での通訳を行う。

ニュージーランド乳幼児教育カリキュラム
テ・ファーリキ（完全翻訳・解説）
―子どもが輝く保育・教育のひみつを探る―

2021年（令和3年）9月10日　初 版 発 行

監 訳 ・ 編 著 者	大 橋 節 子 中 原 朋 生 内 田 伸 子 上 田 敏 丈
訳　者	神 代 典 子
発 行 者	筑 紫 和 男
発 行 所	株式会社 建 帛 社　KENPAKUSHA

〒112-0011　東京都文京区千石4丁目2番15号
TEL（03）3944-2611
FAX（03）3946-4377
https://www.kenpakusha.co.jp/

ISBN 978-4-7679-7052-3　C3037　　　信毎書籍印刷／愛千製本所
ⓒ大橋節子, 内田伸子, 中原朋生, 上田敏丈ほか, 2021.　　　Printed in Japan
（定価はカバーに表示してあります）